Melissa Schirmer (Hg.)

WIR FREUEN UNS AUF Weihnachten

Geschichten, Lieder und Gedichte

Mit Illustrationen von Hartmut Bieber

Butzon & Bercker

Inhalt

Adventsfreude

Der Nikolaus kommt!

Liebes Christkind

Wunderbare Weihnachtszeit

Leise fällt der Schnee

Mit Lichtern geschmückt

Im Stall zu Betlehem

Auf dem Weg zur Krippe

Folge dem Stern

Advents-
freude

Advent

Noch ist Herbst nicht
ganz entflohn,
aber als Knecht Ruprecht schon
kommt der Winter hergeschritten,
und alsbald aus Schnee'es Mitten
klingt des Schlittenglöckleins Ton.

Und was jüngst noch,
fern und nah,
bunt auf uns herniedersah,
weiß sind Türme, Dächer, Zweige,
und das Jahr geht auf die Neige,
und das schönste Fest ist da.

Tag du der Geburt des Herrn,
heute bist du uns noch fern,
aber Tannen, Engel, Fahnen
lassen uns den Tag schon ahnen,
und wir sehen schon den Stern.

Theodor Fontane

Steckt froh die Kerzen an!

Steckt froh die Kerzen an!
Zündet auch die Herzen an:
Denkt daran!
Lasst sie strahlen hell entbrannt
durch das winterliche Land!

Volksgut

Immer ein Lichtlein mehr

Advent, Advent,
ein Lichtlein brennt.
Erst eins, dann zwei,
dann drei, dann vier,
dann steht das Christkind
vor der Tür.

Volksgut

Die Lieblingsäpfel DER KINDER

Draußen ist es kalt, bitterkalt. Die Schneeflocken fallen dicht vom Himmel herab, ein scharfer Wind streicht über die Felder, und auf den Straßen sind die Menschen in warme Pelze und dicke Mäntel gehüllt. Drinnen in der warmen Stube ist es so richtig gemütlich. Zwei Kinder sitzen dort, Benjamin und Lea, und schauen vom Fenster aus voller Freude den wirbelnden und tanzenden Schneeflöckchen zu.

Die Mutter hat das Feuer im Kachelofen von Neuem angeschürt und legt nun klammheimlich zwei rotwangige Äpfel in die Ofenröhre. „Da“, murmelt sie leise vor sich hin, „bleibt nur liegen, ihr kleinen Dinger, ihr sollt zwei Bratäpfelchen für meine beiden Wildfänge werden.“

Als sie aus dem Zimmer gegangen ist, um etwas in der Küche zu besorgen, wird es den beiden Äpfelchen in der Ofenröhre recht warm. „Du“, flüstert das eine dem anderen zu, „ich fange hier im Ofen vielleicht an zu schwitzen. Puh! Geht es dir nicht auch so?“

„O ja“, meint das andere, „mein gelbes Kleid ist schon ganz nass.“ Dabei zischt es so laut, dass die beiden Kinder aufmerksam werden, zum Ofen laufen und nun in der Röhre die beiden Äpfelchen erblicken. Jubelnd klatschen sie in die Hände und rufen: „Juchhu, Bratäpfelchen, die essen wir doch so gern!“

Zisch, zisch, geht es da wieder in der Röhre, und Benjamin sagt: „Das ist die Sprache der Äpfel. Lass uns mal hören, was die beiden sich erzählen.“

„Zisch, zisch“, singt der eine, „ich hing an einem großen Apfelbaum in einem großen Garten voller bunter Blumen. Dort spielten

täglich viele Kinder. Einige hatten einen bunten Reifen und warfen ihn sich zu, andere fuhren auf den breiten Wegen in hübschen kleinen Wagen ihre Puppen spazieren. Das war meine glücklichste Zeit, als ich den kleinen Kindern täglich zuschauen durfte. Aber bald, als der Herbst kam, legte der Gärtner eine lange Leiter an meinen Baum und pflückte die reifen Äpfel. Auch mich löste er vom Ast und steckte mich mit meinen Gefährten in einen großen Sack, der auf einen Wagen geladen und auf den Markt gefahren wurde. Dort wurden wir alle in einen Korb geschüttet. Mich legte man, weil ich so schöne rote Bäckchen hatte, ganz obenauf, damit die Leute mich kaufen sollten. Eine Frau ging vorüber, sah mich dort liegen und kaufte mich für ihre Kinder. Gewiss war diese Frau eure Mutter!"

„Zisch, zisch", ruft da das zweite Äpfelchen, „ich kann auch eine schöne Geschichte erzählen. Ich hing auch an einem Apfelbaum. Da die Sonne so warm auf mich schien, bekam ich ein ganz glänzendes gelbes Kleidchen und ein kräftiges rotes Bäckchen. Das sah auch ein netter kleiner Vogel. Er kam täglich zu unserem Baum geflogen, setzte sich auf den Zweig, an dem ich hing, ganz nahe zu mir und sang mir klangvolle Lieder vor. Ich hörte still seinem Gesang zu und wusste, dass er für mich sang. Der

kleine Vogel blickte mich dann mit seinen Augen so freundlich an, dass mein rotes Bäckchen vor Freude immer schöner und feuriger wurde. So wurden wir beide dann sehr gute Freunde. Wenn das Vögelchen bei mir auf dem Baum saß, dann schaukelte ich mich vor Lust an meinem Zweig, und die kleinen Kinder kamen und sahen es und sagten: ‚Seht nur, wie das rote Äpfelchen tanzen kann!' Das war eine herrliche Zeit! Dann aber nahm mich der Gärtner vom Baum, und ich weiß nun nicht, was aus meinem kleinen Vogel geworden ist. Gewiss ist er ganz traurig. Wir Äpfel aber kamen dann alle zu den Menschen, zu euch, damit ihr euch freut, wenn wir bei euch sind und ihr uns essen könnt!"

„Zisch, zisch, zisch", erklingt es in der Ofenröhre, und auch das zweite Äpfelchen ist fertig gebraten. Die Mutter kommt ins Zimmer, nimmt die gebratenen Äpfel aus dem Ofen und gibt sie den beiden Kindern. Während sie sie essen, denken Lea und Benjamin an den kleinen Vogel und an den warmen Sonnenschein und an all die schönen Sommererinnerungen, die die Äpfel ihnen erzählt haben.

Überlieferung (nacherzählt von Reinhard Abeln)

Nussknacker

Nussknacker,
du machst ein grimmig Gesicht –
ich aber, ich fürchte vor dir mich nicht:
Ich weiß, du meinst es gut mit mir,
drum bring ich meine Nüsse dir.
Ich weiß, du bist ein Meister im Knacken:
Du kannst mit deinen dicken Backen
gar hübsch die harten
Nüsse packen
und weißt sie vortrefflich aufzuknacken.
Nussknacker,
drum bitt ich dich, bitt ich dich,
hast bessere Zähn als ich,
Zähn als ich.
O knacke nur,
knacke nur immerzu!
Ich will dir zu Ehren
die Kerne verzehren.
O knacke nur,
knack, knack, knack! Immerzu!
Ei, welch ein braver Kerl bist du!

A. H. Hoffmann von Fallersleben

Das geheimnisvolle Haus

Viele Fenster hat das Haus,
doch guckt niemand dort heraus.
Hat auch viele bunte Türen,
wohin die bloß alle führen?
Doch ins Haus kannst du nicht gehn,
wirst auch keinen Schlüssel sehn.
Nun schlaf gut die ganze Nacht,
und bist morgen du erwacht,
öffnen wir die erste Tür,
und was sehen wir dann hier?
Mond und Sterne, viele Herzen,
Zwerglein oder bunte Kerzen,
Kleeblatt, Bär und 'ne kleine Maus,
das alles steckt in dem bunten Haus.

Barbara Cratzius

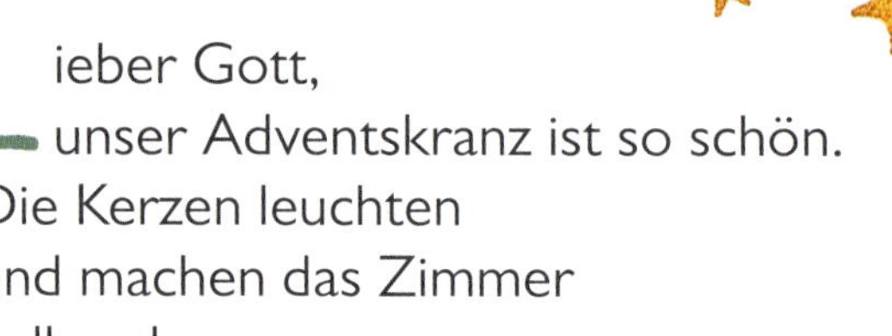

Licht im Advent

Lieber Gott,
unser Adventskranz ist so schön.
Die Kerzen leuchten
und machen das Zimmer
hell und warm.
Gib, dass es auch
in unseren Herzen hell wird
und wir Freude darüber haben,
dass Jesus durch seine Geburt
unser Leben hell und froh gemacht hat.
Amen.

Margrit M. Boos

EINE KERZE LEUCHTET WEIT

Seht, zwei Kerzen leuchten dann,
dass sich jeder freuen kann.
Und sie sagen's allen dann:
Nun fängt Weihnachten bald an!
Leuchte weit …

Leuchten die drei Kerzen da,
dann ist Weihnachten schon nah!
Und wir sehen schon im Traum
unsern schönen Weihnachtsbaum.
Leuchte weit …

Wenn vier Kerzen leuchten, dann
sind wir schon ganz nahe dran.
Und es liegt der Weihnachtsduft
überall schon in der Luft.
Leuchte weit …

Alle Kerzen brennen! Ja,
Weihnachten ist endlich da!
Und wir singen immer wieder
all die schönen Weihnachtslieder.
Leuchtet weit, leuchtet weit!
Jetzt ist endlich Weihnachtszeit.

Text: Rolf Krenzer
Melodie: Martin Göth

Die Sterntaler

Es war einmal ein kleines Mädchen, dem waren Vater und Mutter gestorben. Es war so arm, dass es keine Kammer mehr zum Wohnen hatte, kein Bettchen mehr zum Schlafen und keine Freunde und lieben Menschen, die ihm in seiner Not halfen. Schließlich hatte das Mädchen gar nichts mehr als nur noch ein Stück Brot und seine Kleider auf dem Leib. Aber es war voller Mut und Zuversicht. Und weil es ganz allein war auf der Welt und kein Zuhause mehr hatte, ging es im Vertrauen auf Gott ins Feld hinaus.

Da begegnete ihm ein alter Mann, der sprach: „Ach, ich bin so hungrig. Gib mir bitte etwas zu essen!" Das Mädchen reichte ihm das ganze Stück Brot und sagte: „Gott segne dir's!" Dann wanderte es weiter. Eine arme Frau kam des Wegs, die jammerte und sprach: „Es friert mich so an meinem Kopf, schenk mir etwas, damit ich mich wärmen kann!" Da tat es seine Mütze ab und gab sie ihr. Und als es noch eine Weile gegangen war, traf es ein Kind, dem entsetzlich kalt war. Es bettelte: „Gib mir bitte deine Jacke, damit ich nicht so friere!" Und so zog das Mädchen seine Jacke aus und schenkte sie dem Kind. Alsbald kam wieder ein Kind vorbei und bat inständig um das Kleid. Das Mädchen zögerte nicht lange und schenkte ihm sein Kleid.

Inzwischen war es dunkel geworden. Am Weg stand ein Kind und bat das Mädchen um sein Hemd. Das Mädchen dachte bei sich: „Es ist dunkle Nacht und ich bin mitten im Wald, da sieht mich niemand. Da kann ich auch noch mein Hemd verschenken", und gab dem Kind das Hemd.

Und wie das Mädchen so stand und gar nichts mehr hatte, schaute es zum Himmel und sah, wie Abertausende Sterne leuchteten und glänzten. Plötzlich aber fielen die Sterne vom Himmel und wurden zu blanken Goldtalern. Und obwohl das Mädchen alle Kleider verschenkt hatte, stand es nun da in dem allerfeinsten Kleid, den schönsten Schuhen und dem wertvollsten Mantel. Da sammelte es alle Taler auf und war reich und lebte glücklich ein Leben lang.

Brüder Grimm

Der Bratapfel

Kinder, kommt und ratet,
was im Ofen bratet!
Hört, wie's knallt und zischt!
Bald wird er aufgetischt,
der Zipfel, der Zapfel,
der Kipfel, der Kapfel,
der gelbrote Apfel.

Kinder, lauft schneller,
holt einen Teller,
holt eine Gabel!
Sperrt auf den Schnabel
für den Zipfel, den Zapfel,
den Kipfel, den Kapfel,
den goldbraunen Apfel!

Sie pusten und prusten,
sie gucken und schlucken,
sie schnalzen und schmecken,
sie lecken und schlecken
den Zipfel, den Zapfel,
den Kipfel, den Kapfel,
den knusprigen Apfel.

Aus Bayern

OPAS Adventskalender

Schon sehr freut sich Max auf die Adventszeit mit ihren aufregenden Adventstagen und -festen. Und jetzt, endlich, ist es so weit. Heute Morgen öffnet Max das erste Adventskalendertürchen. Dann geht er zu Opa hinüber. „Ich habe einen tollen Adventskalender bekommen", ruft er Opa entgegen. „Mit einem Bild vom Weihnachtsmann. Und mit Schokolade drin. Die hat gut geschmeckt!"

„Naschkatze!", lacht Opa. „Als ich ein Junge war, hat es solche Kalender nicht gegeben."

Max sieht Opa mitleidig an. „Armer Opa! Hast du keinen Adventskalender gehabt?"

Opa lächelt. „Aber ja. Mein Adventskalender war nur ganz anders."

„Wie anders?"

„Rate!"

„Hm!" Max fängt an zu raten. „War dein Kalender aus Pappe? Oder aus Papier? Oder waren es vierundzwanzig kleine Päckchen mit etwas drin?"

Max überlegt hin und her, doch Opa schüttelt immer nur den Kopf. Verflixt! Das muss aber ein komischer Adventskalender gewesen sein! „Übrigens", sagt Opa da. „Mein Kalender war lebendig." Lebendig? Jetzt versteht Max gar nichts mehr. „Und der hing an der Wand?", fragt er ungläubig.

„Falsch!", sagt Opa. „Er saß im Sessel."

„Der Kalender? Im Sessel?"

Opa nickt. „Gemütlich im Sessel. Es war mein Großvater, und der sah gar nicht adventsfestlich aus. Trotzdem war er der allerschönste Adventskalender auf der Welt."

„Hatte er denn vierundzwanzig Türchen im Bauch?", albert Max herum.

Opa muss lachen. „Hoho", prustet er, „das hätte komisch ausgesehen!"

Max aber ist nicht recht überzeugt. „Ein Großvater ist doch kein Adventskalender", brummt er. „Und wie", sagt Opa. „Mein Großvater hatte nämlich vierundzwanzig Türen im Kopf, und jede Tür schenkte mir eine Geschichte. Für jeden Tag im Advent eine." Max staunt: „Toll! Viel schöner als Schokolade!" Da lächelt Opa wieder. „Übrigens", sagt er, „ich habe auch einen Adventskalender für dich. Einen lebendigen, ohne Schokolade!"

„Au fein", jubelt Max und fällt Opa um den Hals. „Und der sitzt hier im Sessel und lacht. Stimmt's?"

Elke Bräunling

Der Nikolaus
kommt!

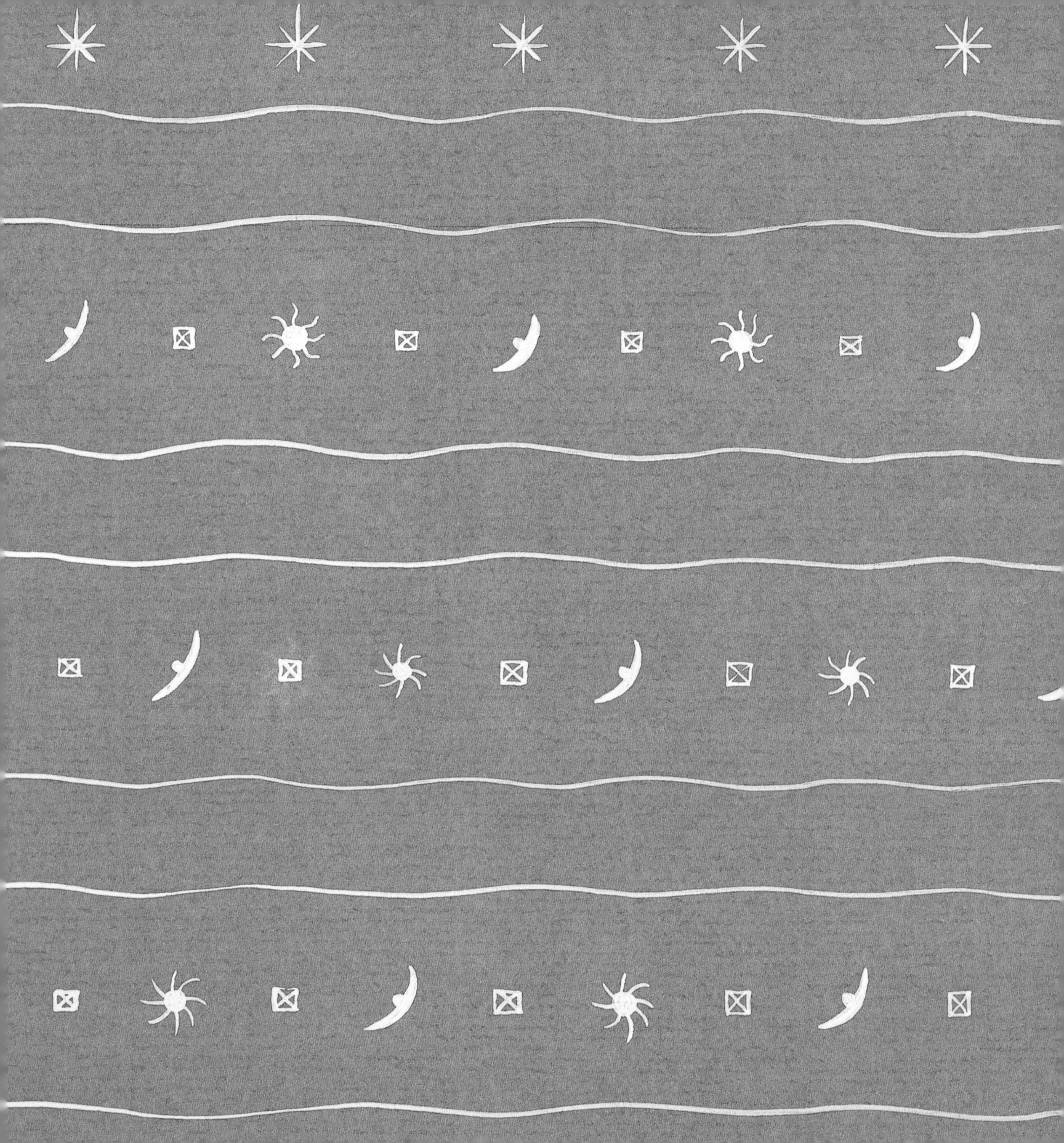

LASST UNS FROH UND MUNTER SEIN

Dann stell ich den Teller auf,
Niklaus legt gewiss was drauf.
Lustig, lustig …

Wenn ich schlaf, dann träume ich:
Jetzt bringt Niklaus was für mich.
Lustig, lustig …

Wenn ich aufgestanden bin,
lauf ich schnell zum Teller hin.
Lustig, lustig …
dann war Niklausabend da!

Niklaus ist ein guter Mann,
dem man nicht g'nug danken kann.
Lustig, lustig …
dann war Niklausabend da!

Aus dem Hunsrück

Wie Sankt Nikolaus
AUS DER HUNGERSNOT HALF

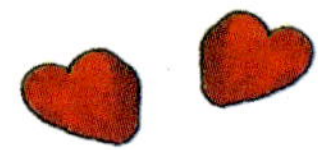

Vor vielen hundert Jahren lebte ein Bischof, der hieß Nikolaus. Doch die Menschen nannten ihn Sankt Nikolaus, weil er so fromm und hilfsbereit war. Er wohnte in einer Stadt am Meer, weit, weit weg von hier, die hieß Myra. Einmal herrschte dort eine große Hungersnot. Nirgends gab es Brot zu kaufen, selbst wenn man eine Handvoll Gold gegeben hätte. Die Menschen hatten nichts mehr zu essen und überall litten sie großen Hunger.

Da sprachen sie zu Sankt Nikolaus: „Gott liebt uns nicht mehr. Er hat uns ganz und gar vergessen." „Das glaube ich nicht", antwortete Nikolaus ihnen, „betet zu ihm, dann wird er uns helfen!"

Er selbst kniete nieder und betete Tag und Nacht: „Lieber Gott, bitte hilf diesen armen Menschen!" Und siehe da, es dauerte nicht lange, da kam übers Meer ein Schiff gefahren, das steuerte dem Land zu und warf die Anker aus. Das Schiff war bis oben hin mit Weizen vollgeladen.

Sofort ging Sankt Nikolaus zu den Schiffsleuten und flehte sie an: „Seht hier die armen Menschen an! Sie haben seit vielen Tagen nichts gegessen und sind nahe daran zu sterben. Habt Mitleid mit ihnen und füllt uns ein paar Säcke mit eurem Weizen! Gott wird es euch lohnen."

„Wir möchten euch wirklich gern helfen", sagten die Schiffsleute, „aber wir dürfen es nicht. Das Korn ist genau abgemessen und wir kommen ins Gefängnis, wenn bei der Ankunft im Hafen etwas fehlt."

„Helft nur und habt keine Angst!“, antwortete ihnen der heilige Nikolaus. „Gebt mir so viel Weizen, dass hier keiner mehr zu hungern braucht. Ich verspreche euch: Wenn ihr mit dem Schiff nach Hause kommt, wird kein Körnlein fehlen.“

Die Schiffsleute ließen sich erweichen. Sie füllten ein paar Säcke mit Weizen und gaben sie dem Bischof. Der ließ das Korn mahlen und von dem Mehl Brot backen. Alle aßen und wurden endlich wieder satt. Und es blieb sogar noch so viel Korn übrig, dass die Leute es auf die Äcker säen konnten.

Nach ein paar Tagen fuhr das Schiff weiter, und als es zu Hause angekommen war, maßen die Schiffsleute den Weizen. Und siehe da, es war noch dieselbe Menge an Bord wie vorher, nicht ein Körnlein fehlte. So hatte Gott auf die Bitte von Sankt Nikolaus ein Wunder getan und den Menschen geholfen.

Nacherzählt von Reinhard Abeln

Nikolaus, hallo!

Nikolaus, hallo!
Jetzt bin ich aber froh,
dass du in der Türe stehst
und nicht einfach weitergehst.

Grüß dich, Nikolaus!
Komm in unser Haus!
Setz dich ruhig hin zur Rast,
denn du bist nun unser Gast.

Nikolaus, schau her!
Dein Sack ist viel zu schwer.
Hol doch etwas für uns raus
und trag ihn leichter aus dem Haus!

Nikolaus, hör zu!
Denn zum Schluss kommst du.
Diese Bilder sind für dich
und du freust dich hoffentlich.

Volksgut

NIKOLAUS HAT NAMENSTAG

Und jedes Jahr, wenn's draußen stürmt
und Schnee vom Himmel fällt,
legt einer Bischofskleider an
und zieht so durch die Welt.

Nun bist du da in unserm Haus.
Wir bitten dich recht schön:
Mach hier bei uns dein Säcklein auf,
dann darfst du weitergehn!

Vergiss auch arme Kinder nicht,
sie warten heut auf dich!
Und Plätzchen, Nüsse, Kletzenbrot
erfreuen sicherlich!

Und nächstes Jahr am Nikolaustag
lässt du dich wieder sehn!
Für uns hast du sehr gut gespielt,
wir danken dir recht schön!

Nikolauslied (Quelle unbekannt)

Vom Honigkuchenmann

Keine Puppe will ich haben –
Puppen gehn mich gar nichts an.
Was erfreun mich kann und laben,
ist ein Honigkuchenmann,
so ein Mann mit Leib und Kleid,
durch und durch von Süßigkeit.

Stattlicher als eine Puppe
sieht ein Honigkerl sich an,
eine ganze Puppengruppe
mich nicht so erfreuen kann.
Aber seh ich recht dich an,
dauerst du mich, lieber Mann.

Denn du bist zum Tod erkoren –
bin ich dir auch noch so gut,
ob du hast ein Bein verloren,
ob das andre weh dir tut:
Armer Honigkuchenmann,
hilft dir nicht, du musst doch ran!

A. H. Hoffmann von Fallersleben

Nikolaus, Nikolaus, huckepack

Nikolaus, Nikolaus, huckepack,
schenk uns was aus deinem Sack!
Schütte deine Sachen aus,
gute Kinder sind im Haus!

Volksgut

Ich warte auf den Nikolaus

Kannst du reimen?

Heute Nacht kann ich
gar nicht schlafen,
dunkel ist die Welt.
Nikolaus, mit deinem Schlitten
fährst du übers [Feld.]

Kling, kling, kling,
ich hör ein Glöckchen,
wie das silbrig klingt!
Ob der gute Nikolaus
jetzt vom Schlitten [springt?]

Tapp, tapp, tapp,
sind das nicht Schritte?
Wer tappt da ums Haus?
Sind im Schnee nicht Stiefelspuren
von Sankt [Nikolaus?]

Ich geh lieber nicht ans Fenster,
tu, als ob ich schlaf.
Hab im Arm den dicken Teddy
und mein Schmuse-[Schaf.]

Aber morgen, wenn die Sonne
hell ins Fenster lacht,
guck ich, was der Nikolaus
mir heut Nacht [gebracht.]

Barbara Cratzius

Die Geschichte vom BESCHENKTEN NIKOLAUS

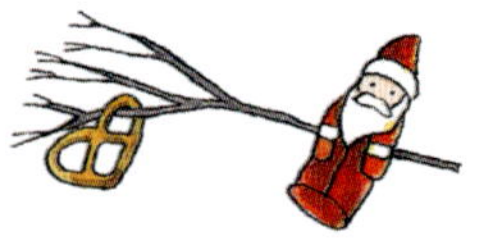

Einmal kam der heilige Nikolaus am 6. Dezember zum kleinen Klaus. Er fragte ihn: „Bist du im letzten Jahr auch brav gewesen?"

Klaus antwortete: „Ja, fast immer."

Der Nikolaus fragte: „Kannst du mir auch ein schönes Gedicht aufsagen?"

„Ja", sagte Klaus.

„Lieber, guter Nikolaus, du bist jetzt bei mir zu Haus,
bitte leer die Taschen aus, dann lass ich dich wieder raus."

Der Nikolaus sagte: „Das hast du schön gemacht."

Er schenkte dem Klaus Äpfel, Nüsse, Mandarinen und Plätzchen.

„Danke", sagte Klaus.

„Auf Wiedersehen", sagte der Nikolaus. Er drehte sich um und wollte gehen.

„Halt!", rief Klaus.

Der Nikolaus schaute sich erstaunt um. „Was ist?", fragte er.

Da sagte Klaus: „Und was ist mit dir? Warst du im letzten Jahr auch brav?"

„So ziemlich", antwortete der Nikolaus.

Da fragte Klaus: „Kannst du mir auch ein schönes Gedicht aufsagen?"

„Ja", sagte der Nikolaus.

*„Liebes, gutes, braves Kind, draußen geht ein kalter Wind,
koch mir einen Tee geschwind, dass ich gut nach Hause find."*

„Wird gemacht", sagte Klaus.

Er kochte dem Nikolaus einen heißen Tee. Der Nikolaus schlürfte ihn und aß dazu Plätzchen. Da wurde ihm schön warm. Als er fertig war, stand er auf und ging zur Türe.

„Danke für den Tee", sagte er freundlich.

„Bitte, gerne geschehen", sagte Klaus. „Und komm auch nächstes Jahr vorbei, dann beschenken wir uns wieder."

„Natürlich, kleiner Nikolaus", sagte der große Nikolaus und ging hinaus in die kalte Nacht.

Alfons Schweiggert

ALLE JAHRE WIEDER KOMMT DER NIKOLAUS

Knirschend hält der Schlitten
bald vor unserm Haus.
Heimlich trägt der Nikolaus
seine Gaben aus.

Sieht er meine Schuhe?
Die stehn vor der Tür.
Bringt er wohl die Puppe
und den Bären mir?

Und am nächsten Morgen
riecht's im ganzen Haus.
Äpfel, Zimt und Nüsse
bringt der Nikolaus.

Text: Barbara Cratzius
Nach der Melodie „Alle Jahre wieder"

Helfen wie der Nikolaus

Lieber Gott,
am 6. Dezember feiern wir
das Fest des heiligen Nikolaus.
Nikolaus hat vor vielen Jahren gelebt.
Er hat Menschen geholfen,
die in Not waren.
Er hat denen, die Hunger hatten,
Brot gegeben.
Er hat den Armen Geschenke gemacht.
Er hat die Traurigen getröstet.
Besonders hat er die Kinder geliebt.
Auch ich möchte anderen helfen.
Ich will mir überlegen,
was ich tun kann,
um ihnen eine Freude zu machen.
Amen.

Christa und Reinhard Abeln

Lieber, guter Nikolaus

Lieber, guter Nikolaus,
bring den kleinen Kindern was!
Lass die Großen laufen,
die können sich was kaufen.

Nikolaus, du guter Gast,
hast du mir was mitgebracht?
Hast du was, so setz dich nieder,
hast du nichts, dann geh nur
wieder!

Nikolaus, komm in unser Haus,
leer deine großen Taschen aus,
stell deinen Esel auf den Mist,
dass er Heu und Hafer frisst.
Heu und Hafer frisst er nicht,
Zuckerbrezel kriegt er nicht.

Volksgut

Holler, boller Rumpelsack

Holler, boller Rumpelsack,
Niklaus trägt sie huckepack,
Weihnachtsnüsse, gelb und braun,
runzlig, punzlig anzuschaun!

Knackt die Schale, springt der Kern;
Weihnachtsnüsse ess ich gern.
Komm bald wieder in dies Haus,
guter, alter Nikolaus.

Volksgut

Knecht Ruprecht

Von drauß' vom Walde komm ich her.
Ich muss euch sagen, es weihnachtet sehr!
Allüberall auf den Tannenspitzen
sah ich goldene Lichtlein blitzen.
Und droben aus dem Himmelstor
sah mit großen Augen
das Christkind hervor.
Und wie ich so strolcht'
durch den finsteren Tann,
da rief's mich mit heller Stimme an:
„Knecht Ruprecht", rief es, „alter Gesell,
hebe die Beine und spute dich schnell!

Die Kerzen fangen zu brennen an,
das Himmelstor ist aufgetan.
Alt' und Junge sollen nun
von der Jagd des Lebens einmal ruhn.
Und morgen flieg' ich hinab zur Erden,
denn es soll wieder Weihnachten werden!"

Ich sprach: „O lieber Herr Christ,
meine Reise fast zu Ende ist.
Ich soll nur noch in diese Stadt,
wo's eitel gute Kinder hat."
„Hast denn das Säcklein auch bei dir?"
Ich sprach: „Das Säcklein, das ist hier,
denn Äpfel, Nuss und Mandelkern
essen fromme Kinder gern."

„Hast denn die Rute auch bei dir?"
Ich sprach: „Die Rute, die ist hier;
doch für die Kinder nur, die schlechten,
die trifft sie auf den Teil, den rechten."
Christkindlein sprach: „So ist es recht;
so geh mit Gott, mein treuer Knecht!"

Von drauß' vom Walde komm ich her.
Ich muss euch sagen, es weihnachtet sehr!
Nun sprecht, wie ich's hierinnen find'!
Sind's gute Kind', sind's böse Kind'?

Theodor Storm

Wo wohnt der Nikolaus?

Ich hab eine Reise nach Grönland gebucht
und habe den Nikolaus dort gesucht.
Habe gesucht so viele Stunden
und habe ihn leider nicht gefunden.

Ich flog über Eisberge und über Seen.
Ich hab mich bemüht, ihn doch zu erspähn.
Die tiefsten Höhlen tat ich erkunden.
Doch hab ich ihn leider auch hier nicht gefunden.

Am Nordpol dann könnt' ich fragen und fragen,
es konnte mir keiner etwas sagen.
Ich flog mit dem Hubschrauber viele Runden
und habe den Nikolaus nicht gefunden.

Bin bald darauf, das ist nicht gelogen,
noch bis Alaska weitergezogen.
Dort bin ich leider fast selbst verschwunden
und habe ihn trotzdem auch dort nicht gefunden.

Dann komm ich nach Hause ziemlich spät.
Was glaubt ihr, wer vor meiner Haustür steht
und sagt: „Ich dacht' schon, du wärst nicht zu Haus!"
Kein anderer war's als der Nikolaus!

Jetzt frage ich euch, bitte lacht mich nicht aus:
Wo wohnt er nun wirklich, der Nikolaus?

Rolf Krenzer

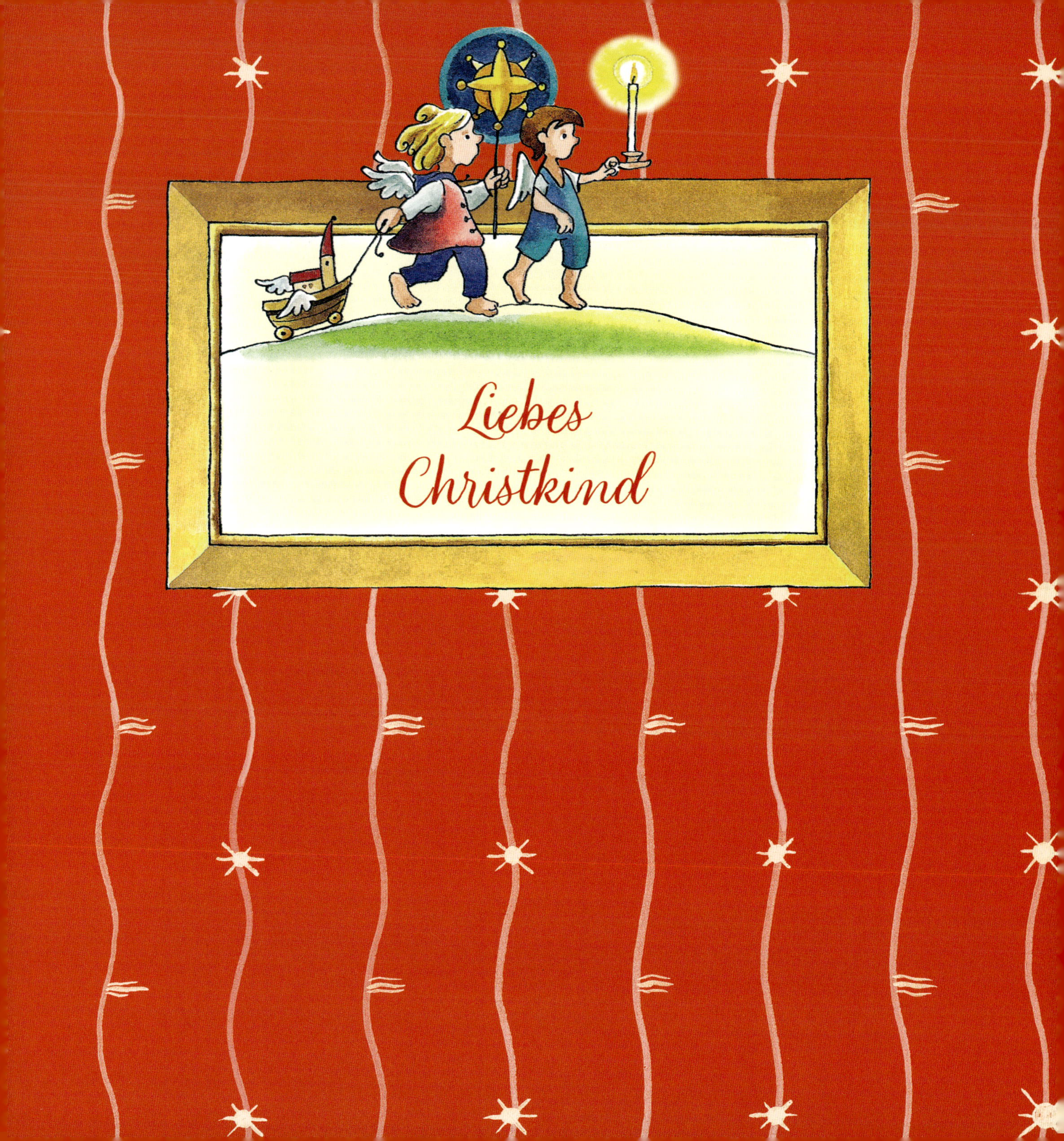
Liebes
Christkind

Ich habe das Christkind gesehn

Denkt euch – ich habe das Christkind gesehn!
Es kam aus dem Walde, das Mützchen voll Schnee,
mit rot gefrorenem Näschen.
Die kleinen Hände taten ihm weh;
denn es trug einen Sack, der war gar schwer,
schleppte und polterte hinter ihm her –
was drin war, möchtet ihr wissen?
Ihr Naseweise, ihr Schelmenpack –
meint ihr, er wäre offen, der Sack?
Zugebunden bis oben hin!
Doch war gewiss etwas Schönes drin:
Es roch so nach Äpfeln und Nüssen!

Anna Ritter

Weg vom Schlüsselloch!

Fritzchen, bleib vom Schlüsselloch!
Das Christkindlein, das sieht das doch.
Fliegt davon, wenn man es stört.
Fritzchen, hast du nicht gehört?

Aber Fritzchen tat es doch,
schaute durch das Schlüsselloch.
Christkindlein, beleidigt sehr,
flog davon und kam nicht mehr.

Volksgut

FLORIAN RETTET *das Christkind*

Florian freute sich auf Weihnachten. Florian freute sich auf dieses ganz besondere Weihnachtsgefühl, das ihn am Heiligen Abend immer befiel: dieses Kribbeln im Bauch und die Aufregung, die er bis in den linken kleinen Zeh spürte. Florian freute sich auf die Weihnachtsgerüche, die am Heiligen Abend durch die Wohnung zogen: den Duft von Tannennadeln und brennenden Kerzen, von selbst gebackenen Plätzchen und frisch angeschnittenem Stollen.

Ganz besonders freute Florian sich natürlich auf seine Geschenke. Nur auf das Krippenspiel freute er sich nicht. Am Heiligen Abend kamen sehr viele Leute in die Kirche, um sich das Krippenspiel anzusehen. Es kamen alle Leute, die sonst immer in die Kirche gingen. Und es kamen alle Leute, die sonst nie in die Kirche gingen.

Florian mochte es nicht, so vielen Leuten etwas vorzuspielen. Aber seine Mutter sagte: „Das Christkind sieht doch, wenn du beim Krippenspiel mitspielst. Dann freut es sich und bringt dir besonders schöne Geschenke."

Florian war sich nicht so sicher, ob das stimmte. Er wusste überhaupt nicht so genau, wie sich das mit dem Christkind verhielt. Ob es die Geschenke wirklich brachte. Oder ob vielleicht die Eltern die Geschenke brachten. Oder der Weihnachtsmann, von dem in all seinen Bilderbüchern die Rede war. Aber vorsichtshalber spielte er doch lieber beim Krippenspiel mit. Sicher war sicher.

Dieses Jahr hatte er die Rolle des Esels übernommen. Da brauchte er sich nur einen großen Eselskopf aus Pappmaschee aufzusetzen, ihn im richtigen Moment über den Krippenrand zu schieben und dreimal laut „I-ah! I-ah! I-ah!" zu sagen. Zugegeben, es war nur eine kleine Rolle, die er da spielte. Aber er war beim Krippenspiel dabei und das war schließlich die Hauptsache. Da konnte das Christkind gar nicht anders, als ihm schöne Geschenke zu bringen.

In der Adventszeit hatten sich die Kinder jede Woche getroffen und für das Krippenspiel geprobt. Der Kaiser Augustus musste mit einer Krone, die er aus gelbem Pappkarton gebastelt hatte, und einem langen bunten Umhang auf einer Leiter sitzen und sagen: „Geld! Ich brauche Geld! Ich brauche Geld für meine Soldaten! Ich brauche Geld für meine Armee!" Und immer lauter nach Geld rufend kletterte er von seiner Leiter herunter und stapfte durch die Kirche nach draußen. Als Nächstes kamen Maria und Josef herein. Maria stützte sich schwer auf einen Stock, weil sie so müde war. Manchmal blieb sie stehen und sagte: „Ich kann nicht mehr."

Und Josef antwortete tröstend: „Komm, Maria, es ist doch gar nicht mehr weit." Der Wirt, bekleidet mit einer Küchenschürze seiner Mutter, wies ihnen den Weg zur Krippe vor dem Altar. Dort knieten Maria und Josef nieder und Maria zog das kleine hölzerne Christkind aus dem Stroh, unter dem es bisher verborgen gewesen war.

Dies war der Moment, in dem Florian seinen Eselskopf über den Krippenrand schieben und dreimal „I-ah! I-ah! I-ah!" sagen sollte.

Danach kamen noch die Hirten mit wollenen Westen und alten Hüten, weiße Plüschschafe unter den Arm geklemmt. Und am Schluss kamen die Heiligen Drei Könige, die die Kirche mit Ferngläsern nach dem Stern absuchten, der sie zur Krippe leiten sollte.

Am Vormittag des Heiligen Abends trafen sich die Kinder mit dem Pfarrer noch einmal zur Generalprobe. Der Kaiser Augustus rief: „Geld! Ich brauche Geld! Ich brauche Soldaten für mein Geld!", und als er aus der Kirche stapfte, fiel ihm seine Krone vom Kopf. Maria klopfte so heftig mit dem Stock auf den Boden, dass man überhaupt nicht hören konnte, was sie sagte.

Josef zerrte sie im Geschwindschritt durch die Kirche. Der Wirt vergaß seinen Text, die Hirten vergaßen ihre Schafe und die Heiligen Drei Könige vergaßen ihre Ferngläser.

Nur Florian schob im richtigen Moment seinen Eselskopf über den Krippenrand und sagte dreimal laut: „I-ah! I-ah! I-ah!"

Der Pfarrer seufzte und sagte: „Ich glaube, wir probieren es lieber noch einmal."

Der Kaiser Augustus kletterte wieder auf seine Leiter hinauf und sagte: „Geld! Ich brauche Geld!" Als er von der Leiter hinunterstieg, verfing sich sein rechter Fuß in dem langen bunten Umhang. Er blieb an der letzten Trittstufe hängen, stolperte und riss die gesamte Leiter mit sich. Die Leiter stürzte auf die Krippe, die Krippe fiel um und das Christkind kullerte aus dem Stroh heraus. Erst der Kopf und einen Augenblick später der Körper. Kaiser Augustus wurde glühend rot. Er richtete die Krippe auf und stopfte schnell die zwei Teile des Christkindes unter das Stroh zurück, damit niemand merkte, dass es kaputt war.

Der Pfarrer seufzte und sagte: „Ich glaube, wir hören lieber auf.

Wenn die Generalprobe so schiefgeht, dann wird die Aufführung schon klappen."

Und dann durften die Kinder nach Hause gehen. Aber Florian hatte gesehen, was mit dem Christkind passiert war. Leise zog er die zwei Teile aus dem Stroh und versteckte sie unter seinem Pullover.

Zu Hause stand die Mutter in der Küche und kochte. Sie sah ein wenig aufgeregt und erschöpft aus, wie immer um diese Zeit an Heiligabend. Florian holte das Christkind unter seinem Pullover hervor. Er streckte der Mutter beide Teile entgegen und sagte: „Schau mal, Mama. Wir müssen es unbedingt reparieren. Sonst gibt es heute kein Christkind."

„Nimm doch eine Puppe", antwortete die Mutter ohne hinzusehen. „Dann habt ihr auch ein Christkind."

Florian hatte keine Puppe. Und er konnte sich auch nicht vorstellen, dass irgendeine Puppe, die das ganze Jahr über eine normale Puppe war, auf einmal das Christkind werden konnte.

Er ging ins Wohnzimmer, wo sein Vater gerade versuchte, den Tannenbaum in seinem Ständer festzumachen. Der Tannenbaum wollte nicht gerade stehen und der Vater sah ein wenig gereizt aus, wie immer um diese Zeit an Heiligabend. Florian streckte ihm das Christkind entgegen und sagte: „Schau mal, Papa. Wir müssen es unbedingt reparieren. Sonst gibt es heute kein Christkind."

„Mach doch aus einem alten Lappen ein Bündel", antwortete der Vater und schraubte an dem Weihnachtsständer herum. „Dann habt ihr auch ein Christkind."

Florian verstand seine Eltern nicht so ganz. Jedes Jahr musste er beim Krippenspiel mitmachen, um das Christkind zu erfreuen. Aber nun, da es kaputt war und Hilfe brauchte, kümmerte sie das überhaupt nicht. Da sollte er es einfach ersetzen durch eine Puppe oder durch ein Bündel aus alten Lappen.

Florian nahm die beiden Teile des Christkindes und schlich hinab in den Keller. Hier hatte der Vater all sein Werkzeug. Hier hämmerte, schraubte, feilte und leimte er. Florian kannte sich gut aus mit dem Werkzeug im Keller, denn er hatte dem Vater schon manchmal geholfen. Aber er wusste auch, dass er es allein nicht benutzen durfte. Deshalb war Florian ziemlich aufgeregt, als er den Leimtopf aus dem Regal holte. Und als ein Stück Holz klappernd auf die Erde fiel, hielt er vor Schreck den Atem an. Über sich in der Wohnung hörte er die kurzen schnellen Schritte der aufgeregten Mutter und die schweren Schritte des gereizten Vaters. Sie waren viel zu beschäftigt, um auf ein klapperndes Stück Holz zu achten.

Erleichtert drückte Florian mit dem Pinsel einen dicken Klecks Leim auf den Hals des Christkindes. Dann setzte er den Kopf darauf. Der Leim tropfte auf die Schultern und der Kopf saß ein wenig schief, so als neigte das Christkind ihn zur Seite. Aber wenigstens war es nun nicht mehr zweigeteilt.

Am Nachmittag zum Gottesdienst trug Florian das Christkind unter seinem Pullover in die Kirche. Er ging an seinen Platz hinter der Krippe und setzte den Eselskopf aus Pappmaschee auf.

Die Kirche war wieder sehr voll. Sie war so voll, dass sogar noch zusätzliche Stühle herbeigetragen werden mussten. Florians Eltern waren auch da. Sie sahen jetzt nicht mehr erschöpft oder gereizt aus, sondern nur noch froh.

Dieses Mal stieg der Kaiser Augustus von der Leiter herunter, ohne sie umzureißen oder seine Krone zu verlieren. Josef führte Maria langsam durch die Kirche und man konnte deutlich hören, wie sie sagte: „Ich bin so müde. Ich kann nicht mehr." Auch der Wirt vergaß seinen Text nicht und wies den beiden ihren Weg zur Krippe vor dem Altar. Aber als Maria und Josef vor der Krippe niederknieten und Maria das Christkind unter dem Stroh hervorziehen wollte, fand sie es nicht. Maria durchsuchte die ganze Krippe. Schließlich half Josef mit und durchsuchte auch die ganze

Krippe. Aber sie fanden das Christkind trotzdem nicht. Die Leute in den Kirchenbänken wurden schon unruhig und reckten ihre Hälse, um zu erkennen, warum die beiden da vorne mit ihren Händen im Stroh herumwühlten. Da schob Florian seinen Eselskopf über den Krippenrand, legte das geleimte Christkind in die Krippe und sagte dreimal ganz laut: „I-ah! I-ah! I-ah!"

Die Mutter lächelte. Der Vater lächelte. Und einen Moment glaubte Florian zu sehen, dass auch das Christkind lächelte.

Luise Holthausen

Das Christkind

Die Nacht vor
dem Heiligen
Abend, da liegen
die Kinder im Traum.
Sie träumen von
schönen Sachen
und von dem
Weihnachtsbaum.

Und während sie
schlafen und träumen,
wird es am Himmel klar,
und durch den Himmel fliegen
drei Engel wunderbar.

Sie tragen ein holdes Kindlein,
das ist der Heilige Christ.
Es ist so fromm und freundlich,
wie keins auf Erden ist.

Und wie es durch den Himmel
still über die Häuser fliegt,
schaut es in jedes Bettchen,
wo nur ein Kindlein liegt.

Es freut sich über alle,
die fromm und freundlich sind,
denn solche liebt von Herzen
das liebe Himmelskind.

Wird sie auch reich bedenken
mit Lust aufs allerbest'
und wird sie schön beschenken
zum lieben Weihnachtsfest.

Heut schlafen noch die Kinder
und sehen es nur im Traum.
Doch morgen tanzen und springen
sie um den Weihnachtsbaum.

Robert Reinick

Christkind im Walde

Christkind kam in den Winterwald,
der Schnee war weiß, der Schnee war kalt.
Doch als das heil'ge Kind erschien,
fing's an im Winterwald zu blühn.

Christkindlein trat zum Apfelbaum,
erweckt' ihn aus dem Wintertraum.
„Schenk Äpfel süß, schenk Äpfel zart,
schenk Äpfel mir von aller Art!"

Der Apfelbaum, er rüttelt' sich,
der Apfelbaum, er schüttelt' sich,
da regnet's Äpfel ringsumher;
Christkindleins Taschen wurden schwer.

Die süßen Früchte alle nahm's
und so zu den Menschen kam's.
Nun, holde Mäulchen, kommt, verzehrt,
was euch Christkindlein hat beschert!

Ernst von Wildenbruch

DAS FREMDE Kind

In einem Häuschen am Rande eines Waldes lebte ein armer Mann, der sich mit Holzhauen mühsam sein Geld verdiente. Und obschon ihm seine Frau und seine zwei Kinder, Marie und Valentin, zur Hand gingen, reichte es oft vorne und hinten nicht.

Eines Winterabends, als die Familie zusammen um den Tisch in der Stube saß und ein Stück Brot aß, da pochte es leise ans Fenster. Draußen schneite und wehte es heftig, und doch hörten sie eine feine Stimme rufen: „Hallo, bitte, lasst mich in euer Haus! Ich bin ein armes Kind und habe nichts zu essen. Ich weiß nicht, wo ich wohnen soll, und glaube, vor Hunger und Frost zu sterben. Oh, lasst mich ein!“

Da sprangen Marie und Valentin vom Tisch auf und öffneten die Tür. „Komm herein, du armes Kind!“, riefen sie. „Wir haben selber nicht viel, aber immer doch noch mehr als du. Und was wir haben, das wollen wir mit dir teilen.“

Das fremde Kind trat ein und wärmte sich die kalten Finger am Ofen. Die Kinder gaben ihm vom Brot, denn mehr hatten sie selbst

nicht, und sagten dann: „Bist du müde? Komm, leg dich in unser Bett! Wir können auf der Bank schlafen." „Mein Vater im Himmel soll es euch danken", entgegnete ihnen das fremde Kind.

Marie und Valentin führten den kleinen Gast in ihr Kinderzimmer, legten ihn ins weiche Bett, deckten ihn zu und Marie flüsterte ihrem Bruder zu: „Wie gut haben wir es doch! Wir haben unsere warme Stube und unser eigenes Bett, das arme Kind aber hat nur den Himmel zum Dach und die Erde zum Schlafen." Als die Eltern schlafen gingen, legten sich die Kinder auf die Bank beim Ofen. Schläfrig murmelte Valentin: „Das fremde Kind wird sich sicher freuen, dass es warm liegt. Gute Nacht, Marie!" „Gute Nacht, Valentin!"

Die beiden Kinder schliefen tief und fest bis zum Morgen. Da erwachte die kleine Marie und weckte leise ihren Bruder: „Valentin, wach auf, wach auf! Höre doch die schöne Musik!" Da rieb sich Valentin die Augen und lauschte. Es war ein wunderbares Klingen und Singen vor dem Haus. Wie mit Harfenbegleitung hallte es:

„Wir grüßen dich mit Harfenklang,
o heilges Kind, und Lobgesang.
Du liegst in Ruh' in dunkler Nacht,
wir halten treu bei dir die Wacht.
Wer dich aufnimmt, wird hoch entzückt,
oh, Heil dem Haus, das du beglückt!"

Das hörten die Kinder und sie traten ans Fenster, um zu sehen, was denn draußen los war. Da sahen sie vor dem Haus viele Kinder stehen, die goldene Harfen in den Händen hielten und silberne Kleider trugen.

Während sie noch aus dem Fenster hinaussahen, berührte sie jemand ganz leise von hinten. Und wie sie sich umwandten, stand das fremde Kind vor ihnen und sprach: „Ich bin das Christkind, das in der Welt umhergeht, um frommen, hilfsbereiten Kindern Glück und Freude zu bringen. Ihr habt mich diese Nacht aufgenommen, weil ihr mich für ein armes Kind gehalten habt. Gesegnet seid ihr."

Kaum hatte es das gesagt, trat das Christkind hinaus und brach einen Zweig ab von einem Tannenbaum, der am Hause stand. Diesen Zweig pflanzte es in den Boden und versprach: „Der Zweig soll zum Baum werden und euch in jedem Jahr Früchte bringen." Dann verschwand es mit den Engeln. Der Tannenzweig aber wuchs empor und wurde zu einem wunderbaren Weihnachtsbaum. Schwer behangen mit goldenen Äpfeln und Silbernüssen, blühte er in jedem Jahr einmal.

Und wenn ihr, liebe Kinder, zu Weihnachten vor dem reich geschmückten Baum steht und euch freut, dann denkt auch an die armen Kinder auf der Welt, die kaum ein Stück Brot haben, um ihren Hunger zu stillen, und danket Gott!

Nach Franz Graf von Pocci

Wunderbare
Weihnachtszeit

O schöne Weihnachtszeit

Zwar ist das Jahr an Festen reich,
doch ist kein Fest dem Feste gleich,
worauf wir Kinder jahraus jahrein
stets harren in süßer Lust und Pein.

O schöne, herrliche Weihnachtszeit,
was bringst du Lust und Fröhlichkeit!
Wenn der heilige Christ in jedem Haus
teilt seine lieben Gaben aus.

Und ist das Häuschen noch so klein,
so kommt der heilige Christ hinein,
und alle sind ihm lieb wie die Seinen,
die Armen und Reichen,
die Großen und Kleinen.

Der heilige Christ an alle denkt,
ein jedes wird von ihm beschenkt.
Drum lasst uns freu'n und dankbar sein!
Er denkt auch unser, mein und dein.

A. H. Hoffmann von Fallersleben

Ein wunderbares Geschenk

Lieber Gott,
vor vielen Jahren hast du uns Menschen
ein wunderbares Geschenk gemacht:
Du hast uns Jesus geschickt.
So lieb hast du uns.
Am Weihnachtsfest feiern
wir seinen Geburtstag.
Und weil du uns Jesus geschenkt hast,
beschenken wir uns untereinander
und überraschen uns mit manchen Gaben.
Du freust dich mit uns, guter Gott.
Amen.

Margrit M. Boos

Die Weihnachtsmaus

Die Weihnachtsmaus ist sonderbar –
sogar für die Gelehrten.
Denn einmal nur im ganzen Jahr
entdeckt man ihre Fährten.

Mit Fallen und mit Rattengift
kann man die Maus nicht fangen.
Sie ist, was diesen Punkt betrifft,
noch nie ins Garn gegangen.

Das ganze Jahr macht diese Maus
den Menschen keine Plage.
Doch plötzlich aus dem Loch heraus
kriecht sie am Weihnachtstage.

Zum Beispiel war vom Festgebäck,
das Mutter gut verborgen,
mit einem Mal das Beste weg
am ersten Weihnachtsmorgen.

Da sagte jeder rundheraus:
Ich hab es nicht genommen!
Es war bestimmt die Weihnachtsmaus,
die über Nacht gekommen.

Ein andres Mal verschwand sogar
das Marzipan von Peter.
Was seltsam und erstaunlich war,
denn niemand fand es später.

Der Christian rief rundheraus:
Ich hab es nicht genommen!
Es war bestimmt die Weihnachtsmaus,
die über Nacht gekommen!

Ein drittes Mal verschwand vom Baum,
an dem die Kugeln hingen,
ein Weihnachtsmann aus Eierschaum
nebst andren leck'ren Dingen.

Die Nelly sagte rundheraus:
Ich habe nichts genommen!
Es war bestimmt die Weihnachtsmaus,
die über Nacht gekommen!

Und Ernst und Hans und der Papa,
die riefen: Welche Plage!
Die böse Maus ist wieder da
und just am Feiertage!

Nur Mutter sprach kein Klagewort.
Sie sagte unumwunden:
Sind erst die Süßigkeiten fort,
ist auch die Maus verschwunden!

Und wirklich wahr: Die Maus blieb weg,
sobald der Baum geleert war,
sobald das letzte Festgebäck
gegessen und verzehrt war.

Sagt jemand nun, bei ihm zu Haus
– bei Fränzchen oder Lieschen –,
da gäb es keine Weihnachtsmaus,
dann zweifle ich ein bisschen!

Doch sag ich nichts, was jemand kränkt!
Das könnte euch so passen!
Was man von Weihnachtsmäusen denkt,
bleibt jedem überlassen.

James Krüss

DER ALLERERSTE Weihnachtsbaum

Der Weihnachtsmann ging durch den Wald. Er war ärgerlich. Sein weißer Spitz, der sonst immer lustig bellend vor ihm herlief, merkte das und schlich hinter seinem Herrn mit eingezogener Rute her. Der Weihnachtsmann hatte nämlich nicht mehr die rechte Freude an seiner Tätigkeit. Es war alle Jahre dasselbe. Es war kein Schwung mehr in der Sache. Spielzeug und Süßigkeiten, das war auf die Dauer nichts. Die Kinder freuten sich wohl darüber, aber quieken sollten sie und jubeln und singen, so wollte er es, das taten sie aber nur selten. Den ganzen Dezembermonat hatte der Weihnachtsmann schon darüber nachgegrübelt, was er wohl Neues erfinden könne, um einmal wieder eine rechte Weihnachtsfreude in die Kinderwelt zu bringen, eine Weihnachtsfreude, an der auch die Großen teilnehmen würden. Kostbarkeiten durften es auch nicht sein, denn er hatte soundso viel auszugeben und mehr nicht.

So stapfte er denn auch durch den verschneiten Wald, bis er auf dem Kreuzwege war. Dort wollte er das Christkind treffen. Mit dem beriet er sich nämlich immer über die Verteilung der Geschenke.

Schon von weitem sah er, dass das Christkind da war, denn ein heller Schein war dort. Das Christkind hatte ein langes, weißes Pelzkleidchen an und lachte über das ganze Gesicht. Denn um es herum lagen große Bündel Kleeheu und Bohnenstiegen und Espen- und Weidenzweige, und

daran taten sich die hungrigen Hirsche und Rehe und Hasen gütlich. Sogar für die Sauen gab es etwas: Kastanien, Eicheln und Rüben.

„Na, Alterchen, wie geht's?", fragte das Christkind. „Hast wohl schlechte Laune?" Damit hakte es den Alten unter und ging mit ihm. Hinter ihnen trabte der kleine Spitz, aber er sah gar nicht mehr betrübt aus und hielt seinen Schwanz kühn in die Luft.

„Ja", sagte der Weihnachtsmann, „die ganze Sache macht mir nicht mehr so den Spaß. Das mit den Pfefferkuchen und den Äpfeln und Nüssen, das ist nichts mehr. Das essen sie auf, und dann ist das Fest vorbei. Man müsste etwas Neues erfinden, etwas, das nicht zum Essen und nicht zum Spielen ist, aber wobei Alt und Jung singt und lacht und fröhlich wird."

Das Christkind nickte und machte ein nachdenkliches Gesicht. Dann sagte es: „Da hast du recht, Alter, mir ist das auch schon aufgefallen. Ich habe daran auch schon gedacht, aber das ist nicht so leicht."

„Das ist es ja gerade", knurrte der Weihnachtsmann. „Ich bin wohl schon zu alt dazu. Ich habe schon richtiges Kopfweh vom vielen Nachdenken, und es fällt mir doch nichts Vernünftiges ein."

So gingen die beiden weiter durch den weißen Winterwald, der Weihnachtsmann mit brummigem, das Christkind mit nachdenklichem Gesicht. Es war so still im Wald, kein Zweig rührte sich, nur wenn die Eule sich auf einen Ast setzte, fiel ein Stück Schneebehang mit halblautem Ton herab. So kamen die beiden, den Spitz hinter sich, aus dem hohen Holze auf einen alten Kahlschlag, auf dem große und kleine Tannen standen. Das sah nun wunderschön aus. Der Mond schien hell und klar, alle Sterne leuchteten, der Schnee sah aus wie Silber, und die Tannen standen darin, schwarz und weiß, dass es eine Pracht war. Eine fünf Fuß hohe Tanne, die allein ganz vorne stand, sah besonders reizend aus. Sie war regelmäßig gewachsen, hatte auf jedem Zweig einen Schneestreifen, an den Zweigspitzen kleine Eiszapfen, und glitzerte und flimmerte nur so im Mondenschein.

Das Christkind ließ den Arm des Weihnachtsmanns los, stieß den Alten an, zeigte auf die Tanne und sagte: „Ist das nicht wunderhübsch?"

„Ja, sehr", sagte der Alte, „aber was hilft mir das?"

„Gib ein paar Äpfel her", sagte das Christkind. „Ich habe einen Gedanken."

Der Weihnachtsmann machte ein dummes Gesicht, denn er konnte es sich nicht recht vorstellen, dass das Christkind bei der Kälte Appetit auf die eiskalten Äpfel hatte. Er machte sein Tragband ab, stellte seine riesige Kiepe in den Schnee, kramte darin herum und langte ein paar recht schöne Äpfel heraus. Dann fasste er in die Tasche, holte sein Messer heraus, wetzte es an einem Buchsstamm und reichte es dem Christkindchen. „Sieh, wie schlau du bist", sagte das Christkind. „Nun schneid' mal etwas Bindfaden in zwei fingerlange Stücke, und mach' mir kleine spitze Holzpflöck-

chen.“ Dem Alten kam das alles etwas ulkig vor, aber er sagte nichts und tat, was das Christkind ihm sagte. Als er die Bindfadenenden und die Pflöckchen fertig hatte, nahm das Christkind einen Apfel, steckte ein Pflöckchen hinein, band den Faden daran und hängte den an einen Ast.

„So“, sagte es dann, „nun müssen auch an die anderen welche, und dabei kannst du helfen, aber vorsichtig, dass kein Schnee abfällt!“

Der Alte half, obgleich er nicht wusste, warum. Aber es machte ihm schließlich Spaß, und als die ganze kleine Tanne voll von rotbäckigen Äpfeln hing, da trat er fünf Schritte zurück, lachte und sagte: „Sieh mal, wie niedlich das aussieht! Aber was hat das alles für'n Zweck?“

„Braucht denn alles gleich einen Zweck zu haben?“, lachte das Christkind. „Pass auf, das wird noch schöner. Nun gib mal Nüsse her!“

Der Alte kramte aus seiner Kiepe Walnüsse hervor und gab sie dem Christkind. Das steckte in jede ein Hölzchen, machte einen Faden daran, rieb immer eine Nuss an der goldenen Oberseite seiner Flügel, und dann war die Nuss golden, und die nächste an der silbernen Unterseite seiner Flügel, und dann hatte es eine silberne Nuss, und hängte die zwischen die Äpfel.

„Was sagst du nun, Alterchen?“, fragte es dann. „Ist das nicht allerliebst?“

„Ja,“ sagte der, „aber ich weiß immer noch nicht – “

„Das kommt schon noch!“, lachte das Christkind. „Hast du Lichter?“

„Lichter nicht“, meinte der Weihnachtsmann, „aber 'n Wachsstock!“

„Das ist fein“, sagte das Christkind, nahm den Wachsstock, zerschnitt ihn und drehte erst ein Stück um den Mitteltrieb des

Bäumchens und die anderen Stücke um die Zweigenden, bog sie hübsch gerade und sagte dann: „Feuerzeug hast du doch?"

„Gewiss", sagte der Alte, holte Stein, Stahl und Schwammdose heraus, schlug Feuer aus dem Stein, ließ den Zunder in der Schwammdose zum Glimmen kommen und steckte daran ein paar Schwefelspäne an. Die gab er dem Christkind. Das nahm einen hellbrennenden Schwefelspan und steckte damit erst das oberste Licht an, dann das nächste davon rechts, dann das gegenüberliegende, und rund um das Bäumchen gehend, brachte es so ein Licht nach dem anderen zum Brennen.

Da stand nun das Bäumchen im Schnee; aus seinem halbverschneiten dunklen Gezweig sahen die roten Backen der Äpfel, die Gold- und Silbernüsse blitzten und funkelten, und die gelben Wachskerzen brannten feierlich. Das Christkind lachte über das ganze rosige Gesicht und patschte in die Hände, der alte Weihnachtsmann sah gar nicht mehr so brummig aus, und der kleine weiße Spitz sprang hin und her und bellte.

Als die Lichter ein wenig heruntergebrannt waren, wehte das Christkind mit seinen goldsilbernen Flügeln, und da gingen die Lichter aus. Es sagte dem Weihnachtsmann, er solle das Bäumchen vorsichtig absägen. Das tat der, und dann gingen die beiden den Berg hinab und nahmen das bunte Bäumchen mit.

Als sie in den Ort kamen, schlief schon alles. Beim kleinsten Hause machten die beiden halt. Das Christkind machte leise die Tür auf und trat ein; der Weihnachtsmann ging hinterher. In der Stube stand ein dreibeiniger Schemel mit einer durchlochten Platte, den stellten sie auf den Tisch und steckten den Baum hinein. Der Weihnachtsmann legte dann noch allerlei schöne Dinge, Spielzeug, Kuchen, Äpfel und Nüsse unter den Baum, und dann verließen beide das Haus ebenso leise, wie sie es betreten hatten.

Als der Mann, dem das Häuschen gehörte, am anderen Morgen erwachte und den bunten Baum sah, da staunte er und wusste nicht, was er dazu sagen sollte. Als er aber an dem Türpfosten, den des Christkinds Flügel gestreift hatte, Gold- und Silberflimmer hängen sah, da wusste er Bescheid. Er steckte die Lichter an dem Bäumchen an und weckte Frau und Kinder.

Das war eine Freude in dem kleinen Hause wie an keinem Weihnachtstage. Keines von den Kindern sah nach dem Spielzeug und nach dem Kuchen und den Äpfeln, sie sahen nur nach dem Lichterbaum. Sie fassten sich an den Händen, tanzten um den Baum und sangen alle Weihnachtslieder, die sie wussten, und selbst das Kleinste, was noch auf dem Arme getragen wurde, krähte, was es krähen konnte.

Vor dem Fenster aber standen das Christkind und der Weihnachtsmann und sahen lächelnd zu.

Als es helllichter Tag geworden war, da kamen die Freunde und Verwandten des Bergmanns, sahen sich das Bäumchen an, freuten sich darüber und gingen gleich in den Wald, um sich für ihre Kinder auch ein Weihnachtsbäumchen zu holen. Die anderen Leute, die das sahen, machten es nach, jeder holte sich einen Tannenbaum und schmückte ihn, der eine so, der andere so, aber Lichter, Äpfel und Nüsse hingen sie alle daran.

Als es dann Abend wurde, brannte im ganzen Dorf – Haus bei Haus – ein Weihnachtsbaum. Überall hörte man Weihnachtslieder und das Jubeln und Lachen der Kinder.

Von da aus ist der Weihnachtsbaum über ganz Deutschland gewandert und von da über die ganze Erde. Weil aber der erste Weihnachtsbaum am Morgen brannte, so wird in manchen Gegenden den Kindern morgens beschert.

Hermann Löns

Dezemberzauber

Lichterhelle Tannenbäume,
Schneesterne, Dezemberträume.
Mandelkekse, Honigkuchen,
nach geheimen Päckchen suchen.
Silberheller Mondenschein
strahlt des Nachts ins Zimmer rein.
Sternenfunkelglitzerglanz.
Himmelsreigen, Engelstanz.
Märchenzauber, Liederreigen.
Kinderglück und Freude zeigen.
Zaubermärchenweiße Pracht.
Schlittenfahrt und Schneeballschlacht.
Alle See sind zugefroren.
Kalt die Nasen, rot die Ohren.
Spiel und Spaß und Fröhlichkeit.
Das ist die Dezemberzeit.
Und dann ist er endlich da.
Der allerschönste Tag im Jahr.
Heiligabend. Stille Nacht.
Und ein Kind, das leise lacht.

Elke Bräunling

MORGEN, KINDER, WIRD'S WAS GEBEN

Wie wird dann die Stube glänzen
von der großen Lichterzahl!
Schöner als bei frohen Tänzen
ein geputzter Kronensaal.
Wisst ihr noch, wie vor'ges Jahr
es am Heil'gen Abend war?

Wisst ihr noch die Spiele, Bücher
und das schöne Hottepferd,
schönste Kleider, wollne Tücher,
Puppenstube, Puppenherd?
Morgen strahlt der Kerzenschein,
morgen werden wir uns freun!

Welch ein schöner Tag
ist morgen!
Neue Freude hoffen wir;
unsre guten Eltern sorgen
lange, lange schon dafür:
O gewiss, wer sie nicht ehrt,
ist der ganzen Lust nicht wert!

Text: Karl Friedrich Splittegarb
Melodie: Carl Gottlieb Hering

So wünsche ich mir Weihnachten

Es dauert gar nicht lange mehr
bis Weihnachten. Und dann,
dann zünden wir am Weihnachtsbaum
die Weihnachtskerzen an.

Das Weihnachtsglöckchen klingelt sacht
und lädt uns alle ein.
Die Weihnachtstür wird aufgemacht:
Pst! Kinder, kommt herein!

Dann stehen wir vorm Weihnachtsbaum
und werden ganz, ganz still,
bis Mutti fragt, ob man vielleicht
jetzt etwas singen will.

Da fange ich ganz einfach an
mit einem Weihnachtslied.
Gleich stimmen froh die andern ein.
So singen alle mit.

Wir singen von der Heilgen Nacht
und von dem Kind im Stroh.
Von Gottes Liebe singen wir
und sind so richtig froh.

Dann meint der Vati: „Packt doch jetzt
die Weihnachtspäckchen aus!"
Da stürzen wir zum Weihnachtstisch,
und laut wird's jetzt zu Haus!

Was lange ein Geheimnis war,
das können wir jetzt sehn.
Und jeder ruft: „Seht, mein Geschenk
ist ganz besonders schön!"

Geschenke gibt's für Groß und Klein.
Auch Eltern kriegen was.
Wir sagen jedem Dankeschön
und haben unsern Spaß.

Die Weihnachtsplätzchen haben wir
dann auch schon längst entdeckt.
So mampfen wir vergnügt und froh,
weil jedes so gut schmeckt.

Dann singen wir noch „Stille Nacht".
Es schallt durchs ganze Haus.
Und gehn wir endlich dann ins Bett,
blas ich die Kerzen aus.

Rolf Krenzer

Traumbescherung

Ich hab mir was ausgedacht,
dass mir aber keiner lacht!
Dieses Jahr zur Weihnachtszeit,
da beschenk ich weit und breit
alle Leut – ihr glaubt es kaum!
Jeder kriegt von mir 'nen Traum:
Raben, die Trompete blasen,
bring ich mit, karierte Hasen,
eine Fuhre Gummibärchen,
dreizehn Flaschen voller Märchen,
Bäume, die spazieren gehen,
Stunden, die ganz stille stehen,
Hunde, die sich reiten lassen,
frisch gebrat'nes Eis in Massen,
schnelle Autos für die Kinder,
einen Zauber-Wunsch-Zylinder,
Extra-Väter, nur zum Spielen,
Bälle, die von selber zielen,
eine Achterbahn zu Hause,
und 'ne Limonadenbrause,
Betten, die im Dunkeln fliegen,
Masern, die wir niemals kriegen,
Sommerschnee auf Rodelwiesen,
aufblasbare bunte Riesen,
Feuerchen, die knisternd brennen,
Mütter, die nicht schimpfen können,
Badeseen an allen Ecken,
Lutschbonbons, so lang wie Stecken,
Schulen, nur zum Lachenlernen,
Flugzeugtaxis zu den Sternen,
Sofas, um drauf rumzuspringen,
Lieder, die sich selber singen,
Pulver zum Unsichtbarmachen,
ein paar kleine, zahme Drachen,
Katzen, die auf Rollschuhn rennen,
Morgenstunden zum Verpennen,
Wände, um sie anzumalen,
Nüsse ohne harte Schalen,
einen Löwen zum Liebkosen
und statt Ärger rote Rosen.
Hier ist die Bescherung aus.
Sucht für euch das
Beste raus!

Gina Ruck-Pauquèt

Leise fällt der Schnee

Wenn es endlich schneit

Wisst ihr, wenn es endlich schneit,
dann ist Weihnachten nicht weit.
Wenn Frau Holle Betten schüttelt
und die Wolkenkissen rüttelt,
bis der Schnee auf unsre Welt
und auf mich herunterfällt.

Holt jetzt schnell den Schlitten raus
und lauft in den Schnee hinaus
und fahrt frohgemut und munter
dann vom Berg ins Tal hinunter.
Zieht ihn auf den Berg hinauf,
und dann setzt euch wieder drauf!

Jedes Dach auf jedem Haus
sieht wie weiß gepudert aus.
Und sogar die Kirchturmspitze
hat jetzt eine weiße Mütze.
Wisst ihr, wenn es endlich schneit,
dann ist Weihnachten nicht weit.

Rolf Krenzer

Die Eisblume

Eine Blume blüht am Fenster,
sie ist silberhell und weiß
und sie funkelt wie ein Sternchen
glitzerhell im Sonnengleiß.
Und ich starre auf das Wunder,
das so kaum noch heut geschieht,
weil aus Eis im Winter bei uns
selten eine Blume blüht.

Elke Bräunling

SCHNEEFLÖCKCHEN, WEISSRÖCKCHEN

Komm, setz dich ans Fenster,
du lieblicher Stern,
malst Blumen und Blätter;
wir haben dich gern.

Schneeflöckchen, du deckst uns
die Blümelein zu;
dann schlafen sie sicher
in himmlischer Ruh.

Schneeflöckchen, Weißröckchen,
komm zu uns ins Tal;
dann baun wir den Schneemann
und werfen den Ball.

Schneeflöckchen, Weißröckchen,
du Wintervögelein,
willkommen, willkommen
bei Groß und bei Klein!

Text: Hedwig Haberkorn
Melodie: Volksweise

Juchhe, der erste Schnee!

Juchhe, juchhe,
juchhe, der erste Schnee!
In großen weißen Flocken,
so kam er über Nacht
und will uns alle locken
hinaus in Winterpracht.

Juchhe, juchhe,
erstarrt sind Bach und See!
Herbei von allen Seiten
aufs glitzerblanke Eis,
dahin-, dahinzugleiten
nach alter froher Weis'!

Juchhe, juchhe,
jetzt locken Eis und Schnee!
Der Winter kam gezogen
mit Freuden mannigfalt,
spannt seinen weißen Bogen
weit über Feld und Wald.

Volksgut

Auf dem Schlitten

Auf dem Schlitten, auf dem Schlitten
sind wir immer froh geritten,
sind geritten stolz und munter
von dem Berg ins Tal hinunter.
Abwärts sind wir rasch geflogen,
aufwärts haben wir gezogen
an der Leine unsern Gaul.
Aufwärts war er immer faul.
Aber abwärts ihn zu lenken,
Schön'res lässt sich gar nicht denken!
Und wenn wir gestürzt zuweilen,
gab's doch keine schlimmen
Beulen.

Volksgut

Als Frau Holle
WINTERSCHLAF MACHTE

Frau Holle war sauer. Es war so schmutzig auf dem Land, auf das sie blickte.

„Es muss etwas geschehen“, sagte sie eines Vorwintertages und schüttelte ihre Schneekissen kräftig aus. Schon bald war der Schmutz mit Schnee bedeckt und überall im Land glitzerte es weiß. Die kranken Waldbäume sahen mit ihren Schneemützen wie Frühlingsbäume aus, die Müllhalden und Straßen waren wie weggezaubert, die Autos stanken weniger, denn sie kamen wegen des Schnees kaum vorwärts. Weil die Leute daher nicht pünktlich ihre Arbeitsplätze erreichten, qualmten bald die Fabrikschlote nicht mehr so stark, und der Dunst über den Städten begann sich aufzulösen.

Frau Holle war zufrieden. „Nun ist alles wieder sauber.“

Aber sie hatte die Rechnung ohne die Menschen gemacht, denen Schnee jetzt noch nicht in den Kram passte. Schneller als man denken konnte, kehrten sie ihn mit großen Maschinen wieder weg und streuten Salz.

Traurig beobachtete Frau Holle dieses Treiben. Es tat ihr um jede Schneeflocke leid. Sie sah, wie das Salz an den Bäumen am Wegrand fraß und den Tierpfoten wehtat und wie die Kinder traurig ihre Schlitten wieder in die Keller stellten.

Frau Holle seufzte. „Das war keine gute Idee.“

Mutlos war sie geworden. „Es hat keinen Sinn“, jammerte sie. „Sie machen alles nur kaputt!“ Dicke Tränen kullerten über ihre faltigen Backen. Und weil sie vom Weinen müde wurde, gähnte sie.

„Ich sollte dies alles überschlafen", murmelte sie. „Vielleicht fällt mir im Traum eine Lösung ein. Weck mich rechtzeitig zu Winterbeginn am 21. Dezember!", befahl sie ihrem Großneffen Fredrik. „Dass du mir das nicht vergisst!"

Sie fiel in ihre Kissen und war im Nu eingeschlafen.

„Armes Tantchen!", murmelte Fredrik voller Mitleid. „Wenn ich nur wüsste, wie ich dir helfen könnte!"

Und während Frau Holle leise vor sich hin schnarchte, starrte Fredrik auf das dunstige Land und grübelte. Je länger er nachdachte, desto größer wurde seine Wut auf die Menschen, die ihre Umwelt kaputt machten. Er hatte keine Lust, sie dafür auch noch mit einer weißen Winter-Märchenlandschaft zu belohnen. Nein, da hatte er eine bessere Idee. Und Fredrik beschloss, Frau Holle nicht zu wecken. Sollten die Menschen doch sehen, wie scheußlich ein Winter ohne Schnee sein würde!

Und so begann der Winter mit kaltem Nieselwetter. Am Himmel hingen Nebelschwaden, es war ungemütlich kalt und so düster, dass man den Tag kaum von der Nacht unterscheiden konnte. Voller Sehnsucht starrten die Menschen in den Tagen vor Weihnachten zum Himmel hinauf. Immer noch kein Schnee? Sie waren enttäuscht. Von Tag zu Tag ein bisschen mehr. Jetzt nämlich würde ihnen Schnee prima in den Kram passen. Doch der kam in diesem Jahr nicht.

Und Frau Holle? Die war so müde, dass sie erst im nächsten Herbst gut gelaunt und erholt aufwachte. Ehrlich, sie weiß bis heute nicht, dass sie jenen Winter verschlafen hatte. Und Fredrik wird sich hüten, ihr je etwas davon zu erzählen.

Elke Bräunling

Die drei Spatzen

In einem leeren Haselstrauch
da sitzen drei Spatzen, Bauch an Bauch.

Der Erich rechts und links der Franz
und mittendrin der freche Hans.

Sie haben die Augen zu, ganz zu,
und obendrüber, da schneit es, hu!

Sie rücken zusammen, dicht an dicht.
So warm wie der Hans hat's niemand nicht.

Sie hör'n alle drei ihrer Herzlein Gepoch.
Und wenn sie nicht weg sind, so sitzen sie noch.

Christian Morgenstern

Die Katze lief im Schnee

ABC, die Katze lief im Schnee,
und als sie wieder rauskam,
da hatt' sie weiße Stiefel an.
Oh jemineh, oh jemineh,
die Katze lief im Schnee.

ABC, die Katze lief zur Höh'.
Sie leckt' ihr kaltes Pfötchen rein
und putzt' sich auch das Näselein
und ging nicht mehr und ging nicht mehr
und ging nicht mehr im Schnee.

Volksgut

Der absonderliche Schneemann

Noch gestern stand ein Schneemann
im kleinen Garten dort.
Heut kam ich aus der Schule,
da war der Schneemann fort.
Der Dickwanst ist geschmolzen,
denkst du vielleicht? Oh, nein!
Er nahm Sabines Schlittschuh'
zur Eisbahn mit hinein.
Dort dreht er seine Kreise,
sein Wollschal weht im Wind,
und rot ist seine Nase,
so läuft er dort, mein Kind.
Er gleitet wie ein Meister.
Ich find es unerhört,
dass mit Sabines Schlittschuh'n
der Schneemann Schlittschuh fährt.

Bruno Horst Bull

Wohin man schaut …

Wohin man schaut, nur Schnee und Eis,
der Himmel grau, die Erde weiß;
hei, wie der Wind so lustig pfeift,
hei, wie er in die Backen kneift!
Doch meint er's mit den Leuten gut,
erfrischt und stärkt, macht frohen Mut.
Ihr Stubenhocker, schämet euch,
kommt nur heraus, tut es uns gleich!
Bei Wind und Schnee auf glatter Bahn,
da hebt erst recht der Jubel an.

Robert Reinick

Ausfahrt

Schlitten vorm Haus,
steig ein, kleine Maus,
zwei Kätzchen davor,
so geht's durchs Tor,
zwei Kätzchen dahinter,
so geht's durch den Winter.

Hinein ins Feld,
wie weiß ist die Welt,
auf einmal, o weh,
kleine Maus liegt im Schnee,
kleine Maus liegt im Graben,
wer will sie haben?

Schlitten vorm Haus,
wo blieb kleine Maus?
Die Kätzchen, miau,
die wissen's genau:
Hat nicht still gesessen,
da haben wir sie gefressen.

Gustav Falke

Der Schneemann

Seht den Mann, o große Not,
wie er mit dem Stocke droht,
gestern schon und heute noch!
Aber niemals schlägt er doch.
Schneemann, bist ein armer Wicht,
hast den Stock und wehrst dich nicht.
Freilich ist's ein armer Mann,
der nicht schlagen noch laufen kann.
Schleierweiß ist sein Gesicht,
liebe Sonne, schein nur nicht!
Sonst wird er wie Butter weich
und zerschmilzt zu Wasser gleich.

Volksgut

Der Winter

Der Winter, der bin ich,
bring Kälte und Eis
und mache nun alles,
was grün war, ganz weiß.
Ich bringe den Schnee
und den Frost in das Land,
Gott hat mich zur Erde
jetzt hergesandt.
Es schlafen die Blumen,
die Felder sind leer,
ringsum ist Stille,
kein Vogel singt mehr.

Mündlich überliefert

DER *Schneepflugengel*

Kjell hängte gerade einen großen Strohstern an den Weihnachtsbaum, als er sie sah: eine dicke weiße Schneeflocke. Sie fiel langsam vom Himmel herab und landete draußen auf der Schaukel. Kjell lief schnell zum Fenster. Und siehe da, immer mehr Schneeflocken fielen vom Himmel. „Oh nein, ausgerechnet heute!“, dachte Kjell. „Hoffentlich schneit es nicht den ganzen Tag lang.“ Es war der Morgen von *Julaften,* von Heiligabend. Kjell und seine Schwester Linnéa schmückten zusammen den Weihnachtsbaum im Wohnzimmer. Er sah schon sehr schön aus mit den roten Kugeln, den Strohsternen und der Girlande aus vielen kleinen norwegischen Papierflaggen. Es fehlten nur noch ein paar Dinge, die auch unbedingt an den Baum mussten. Zum Beispiel Kjells selbst gebastelter Pfefferkuchenschwein-Anhänger.

Am Abend nach dem Essen würde die ganze Familie im Kreis um den Weihnachtsbaum herumtanzen und Weihnachtslieder singen. Darauf freute sich Kjell schon seit Wochen. Er hoffte, dass sie sein Lieblingsweihnachtslied *Glade jul, hellige jul* zuerst singen würden. Doch jetzt schaute er wieder besorgt zum Fenster hinaus. Es hatte angefangen, stärker zu schneien.

Als es Zeit für das Mittagessen war, schneite es immer noch. Lustlos stocherte Kjell in seinem Milchreis herum – er hatte einfach keinen Hunger. „Kjell, iss doch was", sagte Mama und Kjell blickte von seinem Teller auf. „Was ist, wenn es gar nicht mehr aufhört zu schneien?", fragte er. „Ach, das wird es schon", meinte Papa. „Ein bisschen Zeit haben wir ja noch."

Papa hatte gut reden. Für ihn war es ja ein ganz normales Weihnachtsfest – aber für Kjell sollte es dieses Jahr eigentlich ein ganz besonderes werden. Denn heute Abend um sechs sollte er den Josef im Krippenspiel spielen. Seit Wochen hatten sie das Stück zusammen mit Pfarrer Sørensen geübt. Immer wieder hatte Kjell mit Svea die Reise nach Betlehem nachgespielt und sich genau gemerkt, in welchem Moment er an die Herbergstür klopfen muss. „Was, wenn wir heute wieder einmal einschneien?", dachte Kjell. Das war nämlich das Problem. Kjell wohnte mit seiner Familie auf einem abgelegenen Hof, weit vom nächsten Dorf entfernt. Dort wurden die Wege nicht mehr geräumt und mit dem Auto gab es bei so viel Schnee einfach kein Durchkommen mehr. Wer aber würde den Josef spielen, wenn sie heute Abend nicht zur Kirche fahren konnten?

„So Kinder, helft ihr mir nun, die letzten Plätzchen zu backen?", rief Mama plötzlich. „Ohne unsere sieben Sorten Plätzchen kann es doch kein Weihnachten geben!" Während Kjell den Plätzchenteig knetete, blickte er immer wieder nach draußen. Es fielen ununterbrochen dicke Flocken vom Himmel. Und als Mama gerade das letzte Blech Plätzchen aus dem Ofen holte, kam Papa in die Küche. Seine Jacke war voller Schnee und seine Stiefel hinterließen nasse Flecken auf dem Küchenfußboden. „Ich war eben draußen an der Straße", sagte er. „Dort liegt der Schnee fast einen Meter hoch. Kjell, es tut mir leid, aber wir können heute nicht zum Gottesdienst fahren. Ich rufe Pfarrer Sørensen gleich an und gebe Bescheid, dass du nicht kommen kannst."

Da ließ Kjell die Dose mit den bunten Streuseln einfach fallen und rannte an Papa vorbei ins Wohnzimmer. Die Tränen konnte er kaum zurückhalten. Er setzte sich ans Fenster und starrte nach draußen in die Dunkelheit. Wer würde nun den Josef spielen? Es war schon kurz nach fünf. Alle Kirchenglocken der Umgebung läuteten bestimmt längst den Weihnachtsabend feierlich ein. Den Klang der vielen Glocken zu hören, war jedes Jahr ein besonderer Moment, aber auch den verpasste Kjell heute. Bald würden die anderen Kinder für das Krippenspiel in die Kirche kommen und sich ihre Kostüme anziehen. Alle würden da sein – bis auf Kjell, denn er steckte ja hier im Schnee fest. Leise kam Linnéa ins Wohnzimmer und stellte sich hinter Kjell. „Sei nicht traurig, nächstes Jahr darfst du bestimmt wieder den Josef spielen. Möchtest du vielleicht ein Glas *Julebrus* trinken?"

Nein, selbst die leckere Weihnachtslimonade konnte Kjell nicht aufmuntern. Er schüttelte stumm den Kopf und schaute mit Tränen in den Augen weiter aus dem Fenster. Wie hatte er sich darauf gefreut, beim Krippenspiel mitmachen zu dürfen! Weihnachten war für ihn dieses Jahr ruiniert, das stand fest.

Doch was war das? War da in der Dunkelheit zwischen den Bäumen ein Licht aufgetaucht? Schnell blinzelte Kjell die Tränen weg. Ja, da war ein Licht. Es sah aus wie zwei große Scheinwerfer. Langsam kamen sie immer näher. Kjell lief in die Diele, zog sich Mantel und Schneestiefel an und rannte vor das Haus. Als die Scheinwerfer um die Ecke bogen, kamen auch Mama, Papa und Linnéa aus dem Haus gelaufen. Vom Licht der Scheinwerfer geblendet, konnten sie gar nicht richtig erkennen, was da jetzt auf ihrer Einfahrt stand.

Doch dann gingen die Scheinwerfer plötzlich aus und Kjell sah, dass es ein großer gelber Schneepflug war. Langsam öffnete sich die Tür des Schneepflugs und durch das Schneegestöber konnte

Kjell gerade so ausmachen, wie eine Gestalt vorsichtig von dem großen Gefährt hinabstieg. Die Gestalt stapfte durch den Schnee auf Kjell und seine Familie zu. Jetzt konnte Kjell genau erkennen, wer es war: Unter einer dicken Wollmütze lugte nämlich das fröhliche Gesicht von Papas Freund Thore hervor. „Fürchtet euch nicht!", rief Thore lauthals. „Ich bin gekommen, um euch eine große Freude zu verkünden: Ich werde euch alle zur Kirche fahren!"

Als Kjell das hörte, strahlte er über das ganze Gesicht. Jetzt würde alles gut werden! Heiligabend war gerettet – und sein großer Auftritt als Josef auch! Manchmal kommen Engel eben auch mit Schneepflügen angefahren.

Melissa Schirmer

Schneeflocken

Es schneit, hurra, es schneit!
Schneeflocken weit und breit!
Ein lustiges Gewimmel
kommt aus dem grauen Himmel.

Was ist das für ein Leben!
Sie tanzen und sie schweben.
Sie jagen sich und fliegen,
der Wind bläst vor Vergnügen.

Und nach der langen Reise,
da setzen sie sich leise
aufs Dach und auf die Straße
und frech dir auf die Nase.

Volksgut

Die Enten laufen Schlittschuh

Die Enten laufen Schlittschuh
auf ihrem kleinen Teich.
Wo haben sie denn die
Schlittschuh her –
sie sind doch gar nicht reich?

Wo haben sie denn die
Schlittschuh her?
Woher? Vom Schlittschuhschmied!
Der hat sie ihnen geschenkt,
weißt du,
für ein Entenschnatterlied.

Christian Morgenstern

LEISE RIESELT DER SCHNEE

In den Herzen ist's warm,
still schweigt Kummer und Harm,
Sorge des Lebens verhallt:
Freue dich, Christkind kommt bald!

Bald ist Heilige Nacht,
Chor der Engel erwacht.
Hört nur, wie lieblich es schallt:
Freue dich, Christkind kommt bald!

Text: Eduard Ebel
Melodie: Volksweise

Wie der Schnee seine FARBE BEKAM

Als der liebe Gott schon alles erschaffen hatte – die Sonne, das Gras, die Bäume, die Tiere und die Blumen in all den prächtigen Farben des Regenbogens –, da schuf er noch ganz zuletzt den Wind und den Schnee. Weil aber niemand den kalten Schnee gern mochte, wollte der liebe Gott ihm eine Freude machen: Der Schnee durfte sich seine Farbe selbst aussuchen und sie sich von irgendeinem anderen Geschöpf auf der Welt erbitten.

Der Schnee machte sich also auf den Weg und besuchte alle bunten Gewächse der Erde. Er ging zum Gras, zu den Veilchen, zu den Rosen, zu den Sonnenblumen und bat sie: „Gebt mir doch etwas von eurer Farbe, damit ich auch ein prächtiges Kleid bekomme!" Aber keine der vielen Pflanzen wollte die Bitte des Schnees hören und etwas von ihrer Farbe abgeben. Im Gegenteil: Frierend wandten sich die Blumen und Gräser vom Schnee ab und wollten mit ihm nichts zu tun haben.

Niedergeschlagen und traurig ließ sich der Schnee schließlich am Straßenrand nieder und klagte: „Keiner will mir etwas von seiner Farbe abgeben. Dann muss ich eben unsichtbar bleiben. Niemand wird mich sehen können, nur spüren kann man mich wie den ungeliebten Wind. Und ich werde von allen Geschöpfen gehasst werden."

So jammerte der Schnee und nahm an, dass niemand seine verzweifelten Worte gehört hatte. Ein winzig kleines Schneeglöckchen, das neben ihm am Straßenrand aus der Erde spross, hatte aber seine Worte vernommen. Es sagte zum Schnee: „Wenn dir mein

bescheidener Umhang gefällt, so schenke ich dir gern etwas von meiner Farbe.“ Der Schnee war außer sich vor Freude. Er bedankte sich hundertmal beim Schneeglöckchen und verneigte sich immer wieder tief. Der Schnee nahm das Geschenk an, und seit diesem Tag ist er weiß. Das Schneeglöckchen aber ist bis heute der Freund des Schnees. Es ist die einzige Blume, die in seiner Nähe blüht.

Nach einer Legende

Erwartung

Die Kindlein sitzen im Zimmer –
Weihnachten ist nicht mehr weit –
bei traulichem Lampenschimmer
und jubeln: „Es schneit! Es schneit!“

Das leichte Flockengewimmel,
es schwebt durch die dämmernde Nacht
herunter vom hohen Himmel,
vorüber am Fenster so sacht.

Und wo ein Flöckchen im Tanze
den Scheiben vorüberschweift,
da flimmert’s in silbernem Glanze,
vom Lichte der Lampe bestreift.

Die Kindlein sehn’s mit Frohlocken.
Sie drängen ans Fenster sich dicht.
Sie verfolgen die silbernen Flocken …
Die Mutter lächelt – und spricht:

„Wisst, Kinder, die Engelein schneidern
im Himmel jetzt früh und spät.
An Puppendecken und Kleidern
wird auf Weihnachten genäht.

Da fällt von Säckchen und Röckchen
manch silberner Flitter beiseit’,
vom Bettchen manch Federflöckchen.
Auf Erden sagt man: Es schneit!

Und seid ihr recht lieb und vernünftig,
ist manches für euch auch bestellt.
Wer weiß, was Schönes euch künftig
vom Tische der Engelein fällt!“

Die Mutter spricht’s. Vor Entzücken
den Kleinen das Herze da lacht.
Sie träumen mit seligen Blicken
hinaus in die zaub’rische Nacht.

Karl Gerok

Mit Lichtern
geschmückt

Der schönste Baum

Ich kenne ein Bäumchen
gar fein und zart,
das trägt euch Früchte
seltener Art.

Es funkelt und leuchtet
mit hellem Schein
weit in des Winters
Nacht hinein.

Das sehen die Kinder
und freuen sich sehr
und pflücken
vom Bäumchen –
und pflücken es leer!

Volksgut

Ein Tännlein aus dem Walde

Ein Tännlein aus dem Walde,
und sei es noch so klein,
mit seinen grünen Zweigen
soll unsere Freude sein!

Wir wollen schön es schmücken
mit Stern und Flittergold,
mit Äpfeln und mit Nüssen
und Lichtlein wunderhold.

Es stand im Schnee und Eise
in klarer Winterluft;
nun bringt's in unsre Stuben
den frischen Waldesduft.

Und sinkt die
Weihnacht nieder,
dann gibt es
lichten Schein,
der leuchtet Alt'
und Jungen
ins Herz hinein.

Albert Sergel

Der Weihnachtsbaum

Von allen den Bäumen jung und alt,
von allen den Bäumen groß und klein,
von allen in unserm ganzen Wald,
wer mag doch der allerschönste sein?

Der schönste von allen weit und breit,
das ist doch allein, wer zweifelt dran?
Der Baum, der da grünet allezeit,
den heute mir bringt der Weihnachtsmann.

Wenn alles schon schläft in stiller Nacht,
dann holet er ihn bei Sternenschein
und schlüpfet, eh einer sich's gedacht,
gar heimlich damit ins Haus hinein.

Dann schmückt er mit Lichtern jeden Zweig,
hängt Kuchen und Nüss' und Äpfel dran:
So macht er uns alle freudenreich,
der liebe, der gute Weihnachtsmann.

A. H. Hoffmann von Fallersleben

AM WEIHNACHTSBAUM DIE LICHTER BRENNEN

Die Kinder stehn mit hellen Blicken,
das Auge lacht, es lacht das Herz;
o fröhlich', seliges Entzücken!
Die Alten schauen himmelwärts.

Zwei Engel sind hereingetreten,
kein Auge hat sie kommen sehn;
sie gehn zum Weihnachtstisch und beten
und wenden wieder sich und gehn:

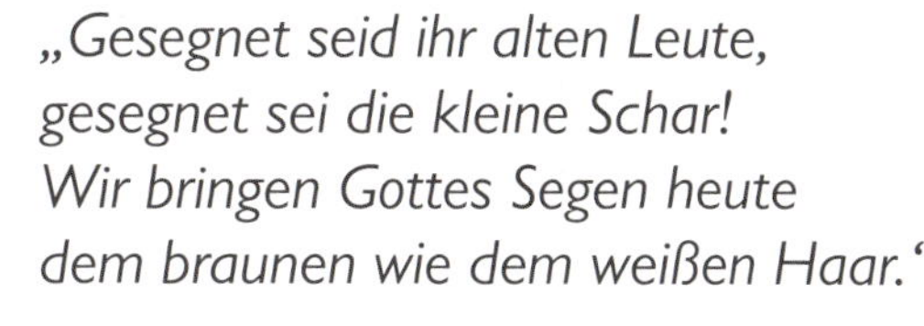

„Gesegnet seid ihr alten Leute,
gesegnet sei die kleine Schar!
Wir bringen Gottes Segen heute
dem braunen wie dem weißen Haar.“

Text: Hermann Kletke
Melodie: Volksweise

IN LETZTER Minute

Eine Woche vor Weihnachten fragte Mama Papa, wann er endlich unseren Weihnachtsbaum kaufen wollte. Papa sagte: „Einen Weihnachtsbaum kauft man immer im letzten Moment, am Heiligen Abend um ein Uhr nachmittags, weil die Weihnachtsbäume dann am billigsten sind."

„Dann sind aber die schönsten Bäume schon weg. Was übrig bleibt, ist meistens nichts", sagte Mama.

„Wenn man aber eine Nordmanntanne kauft, kriegt man immer etwas Schönes", meinte Papa. „Und das zum halben Preis. Hast du die Preise dieses Jahr gesehen? Unverschämt!"

So beschlossen die beiden, den Weihnachtsbaum im letzten Moment zu kaufen, wenn er am billigsten wäre. Doch je näher Weihnachten rückte, desto unruhiger wurde meine Schwester Klara, weil die Bäume, die man vor ihrer Schule verkaufte, immer weniger wurden.

„Ich habe Angst", flüsterte sie mir zu, „dass es bald keine Bäume mehr gibt."

„Was sollen wir tun?"

„Fragen wir Mama!"

Mama meinte, es gäbe immer noch Bäume.

„Aber wenn nicht?", fragte Klara. „Was dann?"

„Dann muss Papa in den Wald gehen und dort einen Weihnachtsbaum für uns schlagen."

Das beruhigte uns ein bisschen, aber nicht ganz. Je näher der Heilige Abend rückte, desto öfter fragten ich und meine Schwester Klara die Kinder in unserer Straße: „Habt ihr schon einen Weihnachtsbaum?"

Einen Tag vor Heiligabend hatten alle schon einen – nur wir nicht. Aber wir hatten viele Strohsterne gebastelt und wir hatten auch zwei Engel, die Klara aus der Schule mitgebracht hatte. Sie sagte, sie habe sie selbst mit einer Schere aus Goldpapier ausgeschnitten. Ich versuchte auch einen Engel aus Goldpapier auszuschneiden, aber es ging nicht. In der Schule hatten sie sicher andere Scheren.

„Wir haben so schöne Sachen", sagte Klara. „Jetzt brauchen wir nur den Baum." Aber wir hatten noch keinen Baum. Das war sehr traurig. Morgens am Heiligen Abend sagte Mama zu Papa: „Bitte bring den Baum so früh wie möglich."

„Um zwei bin ich zu Hause", versprach Papa und fuhr weg.

Ich und Klara warteten zu Hause. Mit uns wartete Mama und schaute von Zeit zu Zeit erwartungsvoll durch das Fenster. Auch der Dackel Schnuffi wartete und bellte von Zeit zu Zeit. Es wurde ein Uhr, dann zwei, dann drei. Hinter den Fenstern der anderen Häuser konnten wir überall Weihnachtsbäume sehen. Nur wir hatten keinen. Und Papa kam nicht. Plötzlich ging auch Mama weg. Ich und Klara und Schnuffi blieben allein zurück.

„Ich glaube", sagte Klara besorgt, „Papa hat den Weihnachtsbaum vergessen."

„Das kann nicht sein! Meinst du wirklich?"

„Es ist schon spät. Bald wird es vier Uhr."

„Was machen wir denn ohne Baum? Mama sagte, wenn Papa ohne Baum kommt, dann muss er in den Wald, um einen Weihnachtsbaum für uns zu schlagen."

„Aber … aber, bis er kommt und in den Wald fährt, ist es sicher dunkel. Dann fängt schon Heiligabend an. Wo sollen wir dann die zwei Engel aufhängen?"

„Das weiß ich aber wirklich nicht."

„Weißt du, Klara", schlug ich vor, „warum kaufen wir uns nicht schnell selbst einen Weihnachtsbaum? Ich habe zehn Euro in meinem Sparschwein. Wenn ich sie heraushole, das reicht vielleicht. Die Bäume sind jetzt sicher ganz billig." Ich holte das Geld heraus, und wir liefen beide zu Klaras Schule, vor der man Weihnachtsbäume verkaufte. Unser Dackel Schnuffi lief fröhlich mit uns.

Gott sei Dank, es waren noch Bäume da. Ich drückte dem Verkäufer meine zehn Euro in die Hand. Klara rückte auch fünf Euro heraus, und dann begann sie zu feilschen. Sie konnte das gut. Der Mann lachte und gab uns einen Baum, einen sehr guten sogar. Wir packten den Baum, Klara von der einen Seite, ich von der anderen. So gingen wir nach Hause, Schnuffi hinter uns her. Dort bekamen wir einen heiligen Schrecken. Wir sahen Papa einen riesigen Weihnachtsbaum vom Dach seines Wagens herunterholen.

„Woher habt ihr den Baum?", fragte er staunend, als er uns sah. „Hoffentlich habt ihr ihn nicht gekauft?"

„Doch!"

„Aber warum? Warum?"

„Wir dachten, du bringst keinen mehr!"

„Oh mein Gott", stöhnte Papa und starrte plötzlich die Straße entlang, als ob er seinen Augen nicht trauen könnte. Wir wunderten uns, warum er mit uns nicht schimpfte, und schauten auch in diese Richtung. Da entdeckten wir Mama. Auch sie schleppte atemlos einen Weihnachtsbaum. So haben wir das Weihnachtsfest mit drei Weihnachtsbäumen gefeiert.

Dimiter Inkiow

Der Wunschtraumzauberbaum

Viele bunte Päckchen
sah ich heut Nacht im Traum
an kahlen Zweigen hängen
am Wunschtraumzauberbaum.

In den bunten Päckchen
sind wunderhübsch versteckt
all meine Weihnachtswünsche,
die niemand hier entdeckt.

All die bunten Päckchen
kann sonst niemand sehn.
Es gibt sie nicht zu kaufen,
doch sie sind wunderschön.

Auf die bunten Päckchen
freu ich mich schon so sehr.
Ich kann es kaum erwarten:
Wenn doch bald Weihnacht wär!

Elke Bräunling

Der Traum

Ich lag und schlief, da träumte mir
ein wunderschöner Traum:
Es stand auf unserm Tisch vor mir
ein hoher Weihnachtsbaum.

Und bunte Lichter ohne Zahl,
die brannten ringsumher;
die Zweige waren allzumal
von goldnen Äpfeln schwer.

Und Zuckerpuppen hingen dran;
das war mal eine Pracht!
Da gab's, was ich nur wünschen kann
und was mir Freude macht.

Und als ich nach dem Baume sah
und ganz verwundert stand,
nach einem Apfel griff ich da,
und alles, alles schwand.

Da wacht' ich auf aus meinem Traum,
und dunkel war's um mich.
Du lieber, schöner Weihnachtsbaum,
sag an, wo find ich dich?

Da war es just, als rief' er mir:
„Du darfst nur artig sein,
dann steh ich wiederum vor dir –
jetzt aber schlaf nur ein!

Und wenn du folgst
und artig bist,
dann ist erfüllt dein Traum,
dann bringet dir der
heil'ge Christ
den schönsten
Weihnachtsbaum."

A. H. Hoffmann von Fallersleben

Im Walde steht ein Tannenbaum

Im Walde steht ein Tannenbaum
mit Nadeln spitz und fein,
damit näht sich der Distelfink
sein buntes Röckelein.

Er steht da so kerzengrad',
und grün ist stets sein Kleid,
im Frühling und im Sommer wohl
und auch zur Winterszeit.

Christkindchen schickt durch Schnee und Eis
Herrn Niklas dann hinaus,
der schneidet ab den Tannenbaum
und nimmt ihn mit nach Haus.

Christkindchen hängt mit zarter Hand
viel Nüss' und Äpfel dran,
und Lichtlein steckt's an jeden Zweig,
dazu auch Marzipan.

Und kommt die liebe Weihnachtszeit,
da klingelt die Mama. –
Wie steht der grüne Tannenbaum
so bunt und helle da!

Du Tannenbaum im dunklen Wald,
bald wirst du abgestutzt.
Drum freue dich, dann wirst du auch
gar herrlich aufgeputzt!

Georg Christian Dieffenbach

Der Christbaum VOR DER TÜR

Als der Küster (Mesner) am Morgen des 23. Dezember die Haustür des Gemeindehauses öffnet, steht da seitlich gelehnt ein Tannenbaum. Merkwürdig! Er schaut sich das Bäumchen näher an und entdeckt ein weißes Zettelchen in den Zweigen. Darauf steht: „Für einen, der keinen Baum hat!“

„Schade um das Bäumchen!“, denkt der Küster. „Heute wird jeder seinen Baum haben. Es ist ja kurz vor Heiligabend.“ Dann nimmt er den Baum und setzt ihn behutsam in eine Ecke des Hausflurs.

Der Tageslauf beginnt mit all dem Treppauf und Treppab. Es ist noch so viel zu bedenken.

Gegen Mittag kommt eine Frau. „Ach“, sagt sie, „Herr Wiggers, Sie werden mir sicher nicht helfen können, aber fragen kann man ja mal: Wissen Sie vielleicht, wo ich noch ein Bäumchen herbekommen könnte? Ich habe meins nämlich einer Familie im Haus gegeben, die keinen Baum hatte. Die Kinder sollten doch ihren Christbaum haben!“

Der Küster schmunzelt und sagt einfach: „Kommen Sie, der Baum für Sie stand heute früh schon vor der Tür, als ich aufschloss.“

Dagobert Boesmann

In meinem kleinen Apfel

In meinem kleinen Apfel,
da sieht es lustig aus:
Es sind darin fünf Stübchen,
grad wie in einem Haus.

In jedem Stübchen wohnen
vier Kernlein rund und fein.
Sie liegen da und träumen
vom lieben Sonnenschein.

Sie träumen auch noch weiter
wohl einen schönen Traum,
wenn sie einst werden hängen
am schönen Weihnachtsbaum.

Volksgut

Mäuseweihnachtsbaum

Den Mäuschen schenkt
der Weihnachtsmann
ein Bäumchen aus Edamer Käschen,
den stellt er unter den Küchenschrank,
da schnuppern die feinen Näschen.
Das gibt ein Schmausen bis Januar,
dann ist der Baum – heiß geliebt –
von den Mäusen gefressen ganz und gar,
wobei's keinen Abfall gibt.
Das ist eine praktische Sache, denn
es bleiben nicht Strünke noch Nadeln
vom Mäuseweihnachtsbaum übrig, drum
ist dieses Geschenk nicht zu tadeln!

Bruno Horst Bull

Im Stall
zu Betlehem

Wo liegt Betlehem?

Sag mir, wo liegt Betlehem?
Vielleicht in jedermann?
Wenn Menschen zueinander stehen
und ihren Weg gemeinsam gehen,
dann ist Betlehem nicht weit.
Dann ist Weihnachtszeit.

Sag mir, wo liegt Betlehem?
Vielleicht bei uns zu Haus?
Wenn wir gemeinsam Lieder singen
und einander Freude bringen,
dann ist Betlehem nicht weit.
Dann ist Weihnachtszeit.

Sag mir, wo liegt Betlehem?
Vielleicht in unsrer Stadt?
Wenn Reiche auch an Arme denken
und einander Hoffnung schenken,
dann ist Betlehem nicht weit.
Dann ist Weihnachtszeit.

Sag mir, wo liegt Betlehem?
Vielleicht in unsrem Land?
Wenn Menschen still in Frieden leben
und dem Feind die Hände geben,
dann ist Betlehem nicht weit.
Dann ist Weihnachtszeit.

Elke Bräunling

Jesus WIRD GEBOREN

Der römische Kaiser Augustus wollte alle Menschen in seinem Reich zählen. Darum befahl er: „Geht in den Ort, in dem ihr geboren wurdet, und lasst eure Namen in eine Liste eintragen!"

So zog auch Josef von Nazaret in seine Heimatstadt Betlehem. Seine Frau Maria, die ein Kind erwartete, begleitete ihn. Josef war in Sorge, ob Maria den mühsamen Weg nach Betlehem wohl aushalten könne. Darum machte er einen Tragesel zurecht und ließ seine Frau aufsitzen. Er selbst ging neben dem Esel her und führte ihn.

Der Weg nach Betlehem ging bergauf und bergab. Er führte Josef und Maria durch Städte und Dörfer, durch Gebirge und Wüstensand. Es war eine Reise mit vielen Strapazen und großen Sorgen.

Endlich kamen Josef und Maria in Betlehem an. Dort trafen sie in den Straßen viele Hundert Menschen. Die Stadt war mit Fremden völlig überfüllt. Alle wollten sich eintragen und zählen lassen.

Josef ließ sich mit Maria aufschreiben. Dann suchte er ein Lager für die Nacht. Maria spürte, dass bald das Kind zur Welt kommen würde. Aber nirgends fanden die beiden ein Nachtlager. Nirgendwo gab es für sie ein schützendes Dach.

Was sollten sie tun? Josef ging zu der großen Herberge von Betlehem, um dort für die Nacht ein Lager zu bekommen. Aber auch hier fragte er vergebens nach. Die Herberge war wegen der vielen Leute übervoll.

Weil nirgends Platz für sie war, gingen Josef und Maria zu einem Höhlenstall nahe bei Betlehem. Kaum waren sie da, kam der kleine Jesus zur Welt. Maria wickelte ihn in Windeln und legte ihn in eine Futterkrippe, die für die Tiere bestimmt war.

In der Nähe des Stalles waren Hirten auf den Feldern. Sie bewachten ihre Schafe. Plötzlich wurde es – es war mitten in der Nacht – ganz hell. Ein Bote Gottes, ein Engel, stand vor ihnen. Da erschraken sie sehr.

Der Engel aber sprach: „Fürchtet euch nicht, denn ich verkünde euch eine große Freude. Heute wurde der Heiland geboren. Es ist Christus, der Herr. In Betlehem werdet ihr ihn finden. Das Kind liegt in einer Krippe und ist in Windeln gewickelt."

Mit einem Mal kamen zu dem einen Engel noch viele andere Engel hinzu. Sie lobten Gott und sangen: „Ehre sei Gott in der Höhe, und Friede soll bei allen Menschen auf der Welt sein!" Dann verschwanden sie und es wurde wieder still und dunkel.

Sofort machten sich die Hirten auf den Weg nach Betlehem. Sie wollten sehen, was dort geschehen war. In der Höhle fanden sie Maria und Josef mit dem neugeborenen Kind, das in einer Futterkrippe lag.

Die Hirten erzählten Maria und Josef von dem Engel, der mitten in der Nacht zu ihnen aufs Hirtenfeld gekommen war und ihnen von der Geburt des Jesuskindes berichtet hatte. Josef und Maria staunten.

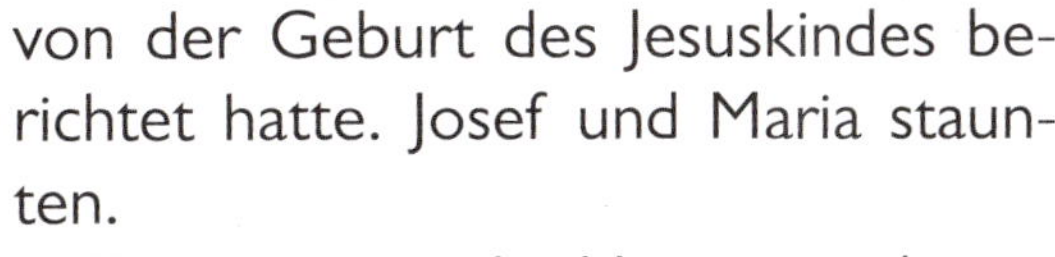

Dann gingen die Hirten wieder zu ihren Schafen zurück. Sie waren glücklich und dankten Gott für die große Freude. Allen Leuten, die sie trafen, erzählten sie, was sie gesehen und erlebt hatten.

Nach Lukas 2,1–20

STILLE NACHT, HEILIGE NACHT

Stille Nacht, heilige Nacht!
Gottes Sohn, o wie lacht
Lieb' aus deinem göttlichen Mund,
da uns schlägt die rettende Stund',
Christ, in deiner Geburt!
Christ, in deiner Geburt!

Stille Nacht, heilige Nacht!
Hirten erst kundgemacht,
durch der Engel Halleluja
tönt es laut von fern und nah:
Christ, der Retter ist da!
Christ, der Retter ist da!

Text: Josef Franz Mohr
Melodie: Franz Xaver Gruber

HANS-PETERS SCHÖNSTES Weihnachtsgeschenk

Hans-Peter hatte zu Weihnachten zwei genau gleiche Teddybären geschenkt bekommen, einen von der Großmutter und einen von Onkel Fritz.

„Du kannst ja einen umtauschen“, sagte Hans-Peters Mutti.

„Nein“, gab Hans-Peter zur Antwort, „einen werde ich verschenken. Und zwar an einen Jungen, der so alt ist wie ich. An irgendeinen Jungen.“

„Und wie heißt der Junge, wo wohnt er denn?“

„Wie er heißt, weiß ich nicht. Und er wohnt … er wohnt … er wohnt in Indien.“

Der Vater lachte: „Wie soll denn der Teddybär nach Indien kommen?“

Hans-Peter dachte nach. Und weil er in Hamburg wohnte und Hamburg eine Stadt ist, die einen großen Hafen hat mit vielen Schiffen, fiel ihm etwas ein: „Gibt es nicht Schiffe, die nach Indien fahren?“

„Die gibt es", sagte der Vater.

„Dann bitten wir einen Kapitän, der nach Indien fährt, er soll den Teddy mitnehmen."

„Das machen wir", sagte der Vater, „und pack den Teddy gut ein, denn bis Indien hat er eine weite Reise."

Hans-Peter ging mit dem Vater zum Hafen. „Liegt hier ein Schiff, das bald nach Indien fährt?", fragten sie. Ein Matrose zeigte auf einen Dampfer, und so kletterten sie den Laufsteg hoch.

„Guten Tag, Kapitän", sagte Hans-Peters Vater, als sie den Kapitän gefunden hatten, „mein Junge möchte einem kleinen Jungen in Indien seinen Teddybär schenken. Können Sie ihn mitnehmen?"

„Den Teddy oder den Jungen?", lachte der Kapitän. Er hatte weiße Zähne im braunen Gesicht.

„Den Teddy natürlich", sagte Hans-Peters Vater, „den Jungen möchten wir gern behalten."

Der indische Kapitän sagte, er wolle den Teddy gern mitnehmen. Und dann erzählte er, dass er zu Hause in Indien selbst einen kleinen Jungen habe, und ob der den Teddy bekommen könnte.

Hans-Peter überlegte. Dann fragte er: „Ist das dein Schiff?"

„Ja, das ist mein Schiff."

„Dann bist du reich", sagte Hans-Peter, „dann kannst du deinem Jungen selbst einen Teddy kaufen. Mein Junge ist nicht reich, der hat keinen Teddy, und er kriegt auch keinen, wenn ich ihm nicht einen schenke."

„Gut", sagte der Kapitän, „es gibt genug arme Jungen in Indien." Er ließ sich Hans-Peters Namen und Adresse sagen, und dann gingen Hans-Peter und sein Vater nach Hause.

Sie dachten, der Junge in Indien würde einen Brief schreiben, dass der Teddy gut angekommen sei. Aber es kam kein Brief. Auch keine Karte. Nichts, gar nichts. Es verging viel Zeit und Hans-Peter dachte nicht mehr an den Jungen in Indien.

Es wurde wieder Weihnachten. Ein ganzes Jahr war vergangen. Eine Stunde vor der Bescherung klingelte es. Hans-Peter ging und öffnete. Draußen stand der indische Kapitän und brachte ein kleines Paket für Hans-Peter und einen Brief. Den musste er übersetzen, denn er war in einer indischen Sprache geschrieben:

Lieber Hans-Peter!
Ich habe dein Geschenk bekommen und danke dir sehr dafür.
Ich schicke dir ein Tongefäß mit Reis. Lass ihn dir gut schmecken. Das Gefäß hat mein Vater gemacht. Er ist Töpfer.
Außerdem schicke ich dir noch eine Kette aus bunten Federn.
Diese Kette habe ich selbst gemacht. Bei uns gibt es viele Vögel mit solchen Federn.
Es grüßt dich dein Freund Sadhu

Hans-Peter bekam viele schöne Geschenke an diesem Weihnachtsabend. Die schönsten waren für ihn das Tontöpfchen mit dem Reis und die Vogelfederkette. Er trug die Kette den ganzen Abend und sagte jedem, der es hören wollte: „Die hat mir mein Freund Sadhu aus Indien geschickt!“

Mira Lobe

Die Sternenputzer

Die Englein putzen die Sterne blank.
Sie haben vor Eifer ganz hochrote Bäckchen.
Sie hauchen und putzen stundenlang,
bis alles strahlt. Da bleibt auch kein Fleckchen.
Wisst ihr, warum? Ich darf es euch sagen:
Wer am besten putzt, darf den Weihnachtsstern tragen.
Den schönen, goldenen Weihnachtsstern,
den trügen natürlich alle gern.

So geht es vor Weihnachten jedes Jahr.
Und denkt nur, wer diesmal der Sieger war:
ausgerechnet der Allerkleinste.
Das hätte man gar nicht von ihm gedacht:
Aber sein Stern war wirklich der Feinste.
Solch ein Knirps – und hat's schon so schön gemacht!
Wie das kam? – Ja, aber nicht weitererzählen:

Er hauchte und putzte und hauchte und rieb,
doch es half nichts. Er mochte sich noch so sehr quälen.
Der Fleck oben links in der Ecke, der blieb.
Und als es nun gar nicht gehen wollte,
und die erste Träne schon rund und dick
an der Nase herunterrollte,
erspäht' er den günstigen Augenblick,

schlüpfte hinaus und lief heimlich zum lieben Mond,
der ganz in der Nähe schrägüber wohnt.

Dem hielt er das Sternlein stumm vor's Gesicht.
Reden konnte er wegen der Tränen nicht.
Der Mond sah sich prüfend den Schaden an.
„Eingerostet!", sagte er dann.
„Neu versilbern! Was andres hat keinen Zweck.
Mit Reiben und Putzen geht das nicht weg."

Da stand nun der Kleine und seufzte schwer.
Und fragte schluchzend, warum gerade er
solchen schwierigen Stern bekommen musste.
Und da nun der Mond das ja auch nicht wusste
und das Englein so traurig vor ihm stand,
nahm er ihm schweigend den Stern aus der Hand
und spann ihn behutsam ganz dicht und fein
in seine silbernen Strahlen ein
und gab ihn zurück. Unser Engelbube
rannte schnell damit in die Sternenputzstube
und polierte ihn noch ein bisschen über.

Nein, war der blank! Alles staunte darüber.
Und dann wurde der schöne Stern gebracht,
der damals erschien in der Heiligen Nacht.
Den darf er nun tragen zum Weihnachtsfest.
Wenn er ihn nur nicht fallen lässt!

Verfasser unbekannt

OCHS und Esel

In dem Stall, in welchem das Christkind geboren werden sollte, lebten ein Ochse und ein Esel. Sie lebten nicht gerade friedlich miteinander, sondern eher so nebeneinanderher, weil sie sich nicht besonders gut leiden konnten. Der Ochse war dem Esel zu träge, der Esel dem Ochsen zu störrisch, deshalb wussten sie eben nicht viel miteinander anzufangen. So war es nur eine Art Zweckgemeinschaft, denn sie hatten eine gemeinsame Futterraufe. Und wenn es ums Futter geht, hält man es meist doch miteinander aus. Das war aber ihre einzige Gemeinsamkeit.

Als nun der Erzengel Gabriel der Jungfrau Maria die frohe Botschaft überbrachte, dass sie die Mutter Gottes werden sollte, schaute er auch gleich bei dem Stall vorbei und hielt dem Ochsen und dem Esel eine Rede. Sie müssten, so bestimmte er, ihre gemeinsame Futterkrippe dem Christkind zur Verfügung stellen, wenn es geboren sei, denn das Kind hätte kein Bett. Doch damit nicht genug – sie sollten außerdem das Kind auch noch mit ihrem Atem wärmen, wenn es frieren würde.

Der Ochse nahm die Nachricht eher gelassen hin, ihm war sowieso meist alles gleichgültig. Er dachte nur: „Zum Wärmen des Kindes bin ich sicher zu faul." Der Esel aber regte sich fürchterlich auf. „Ist es nicht genug“, sagte er zum Erzengel Gabriel, „dass ich dauernd schwere Körbe tragen und meine Freizeit mit diesem trägen Ochsen verbringen muss? Soll ich jetzt vielleicht auch noch vom Boden fressen und meinen eigenen Atem hergeben?!“ Der Engel schüttelte über so viel Unverständnis lediglich den Kopf, breitete seine Flügel aus und entschwebte.

Der Ochse wusste, was jetzt wieder auf ihn zukam – er musste sich das Geschimpfe des Esels anhören. Der Esel beklagte sich über dieses und jenes, wie schlecht die Unterkunft und wie mager das Futter sei, wie viel er arbeiten müsste und was ihm nun außerdem noch zugemutet werden sollte. Irgendwann war dies sogar dem trägen Ochsen zu viel. Er sagte dem Esel die Meinung, und von da an sprachen sie überhaupt nicht mehr miteinander.

Eines Abends kamen ein Mann und eine Frau in den Stall, um dort zu übernachten. Der Ochse sah gelangweilt zu, wie sie sich im Heu niederließen. Der Esel aber verfolgte die Angelegenheit mit Misstrauen, nachdem tags zuvor nochmals der Engel bei ihnen vorgesprochen und gesagt hatte, dass nun die Zeit für die Geburt des Christkindes gekommen sei. „Ich werde“, so dachte der Esel bei sich, „den letzten Strohhalm aus der Futterkrippe fressen – soll die Frau doch sehen, wohin sie ihr Kind dann legt – und in die entgegengesetzte Richtung hauchen, wenn das Theater losgehen wird.“

Aber irgendwie fühlte sich der Esel seltsam angerührt – er ließ das Heu in der Krippe liegen. Auch der Ochse verlor etwas von seiner Trägheit, denn es wurde plötzlich strahlend hell im Stall, als die Frau ihr neugeborenes Kind in die Futterkrippe legte. Es war eine bitterkalte Nacht, sodass das Kind fror.

Der Esel fühlte sich hin- und hergerissen. Mit seinem Eselsverstand konnte er noch nicht so recht erfassen, welches Wunder geschehen war. Er zierte sich ein wenig und bockte vor sich hin. Auch der Ochse dachte etwas langsam. Er trat bedächtig von einem Bein aufs andere und wusste nichts Rechtes anzufangen. Doch endlich begriffen auch sie. Dieses Kind rührte an ihr Herz.

Der Ochse und der Esel sahen sich an. Sie sahen sich wirklich an, zum ersten Mal in ihrem Leben. Und zum ersten Mal waren sie sich plötzlich einig: Sie wärmten beide das Kind mit ihrem Atem.

Von Stund an blieben sie Freunde. Der Ochse war nicht mehr so träge und der Esel nicht mehr so störrisch. Und jetzt hatten sie außer ihrer Futterkrippe noch eine Gemeinsamkeit – sie hatten das Christkind mit ihrem Atem gewärmt.

Jutta Fellner-Pickl

Auf dem Weg
zur Krippe

Wir ziehen zum Stall

Wir ziehen, wir ziehen vor Betlehems Haus,
da gucken der Ochs und der Esel heraus.
Sie nicken und neigen die Köpfe zum Gruß,
ich mein, dass da drinnen das Kind liegen muss.

Wir tragen dem Kindlein unsre Gaben heran,
ein Sternlein, ein Bäumlein, das grünte im Tann,
ein Apfel, dem lachen die Backen so rot,
aus Hutzeln ein lecker gezuckertes Brot.

Die Mutter Maria bringt's Kindel zur Ruh,
das Öchslein, das brummte ganz leise dazu,
das Eslein guckt fromm in die Krippe hinein,
wir wiegen, wir wiegen das Christkindlein ein.

Volksgut

DER STROHSTERN *des kleinen Hirtenjungen*

Als die Engel den Hirten auf den Weiden von Betlehem die Geburt des Jesuskindes verkündet hatten, machten diese sich sofort auf den Weg. Unter ihnen war auch ein kleiner Hirtenjunge. Er lief noch ein wenig verschlafen hinter den großen Männern her. Im Stall stand er dann ganz lange vor der Krippe mit dem Kind und staunte darüber, wie die sonst so rauen Hirten ganz still und leise waren.

Auf dem Heimweg überlegten die Hirten, was sie dem Kind am nächsten Tag alles bringen wollten.

„Da fehlt ja alles“, sagte der Erste, „ich melke das Mutterschaf und bringe ihm die frische Milch.“

„Ich habe noch ein gutes Stück Schafskäse für die junge Mutter“, meinte ein anderer.

„Ich könnte einen Topf Fett entbehren“, überlegte wieder ein anderer.

„Mehl fehlt wahrscheinlich auch, und Feigen habe ich noch.“

„Kalt war es da, das Kind braucht ein warmes Lammfell.“

So überlegten sie hin und her. Der kleine Hirtenjunge hörte das alles und konnte sich gar nicht freuen. Er hatte nichts zum Schenken. Da brauchte er morgen erst gar nicht mitzugehen. Aber das Kind in der Krippe hatte ihn doch so angelä-

chelt, als hätte es sagen wollen: „Komm morgen wieder, ich warte auf dich.“

Abends lag der Hirtenjunge auf seinem Strohschlafbündel und konnte nicht einschlafen. Immer musste er an das Kind in der Futterkrippe denken. Durch das kleine Fenster in der Hütte leuchtete der neue große Stern auf das Strohlager. Die einzelnen Strohhalme leuchteten hell auf.

„Ja, du lieber Stern“, flüsterte der Hirtenjunge, „du hast mir einen Tipp gegeben. Ich will dem Kind einen Stern schenken, einen Stern aus Stroh.“

Leise und behutsam, damit niemand aufwachte, schnitt er mit seinem Messer ein paar Halme zurecht und legte sie quer übereinander, sodass ein schöner Stern entstand. Mit einem Wollfaden knotete er ihn fest. Er hielt ihn ins Sternenlicht und freute sich. Er konnte es kaum erwarten, bis er mit den Hirten am nächsten Tag das Kind im Stall besuchen konnte.

Der Hirtenjunge wartete, bis die Großen ihre Geschenke hingelegt hatten. Dann trat er hervor und hielt dem Kind zitternd seinen Strohstern hin. Und siehe da – das Kind hielt den Stern fest. Es lächelte den kleinen Jungen dankbar an. Der wäre am liebsten vor Freude in die Luft gesprungen.

Nach einer Legende

Alle

Bei Petra zu Hause haben sie eine Weihnachtskrippe", erzählt Patrizia beim Nachtessen. „Alle Freundinnen von Petra haben sie nach der Schule ansehen dürfen. Auch mich hat sie eingeladen. Die Mutter von Petra hat gesagt, dass es die schönste Krippe in der ganzen Stadt ist. Der Stall ist aus Arvenholz gebaut. Es riecht wie die Wälder im Engadin. Und die Figuren sind von Hand aus Lindenholz geschnitzt. Man sieht das an den vielen kleinen unregelmäßigen Kerben auf der Oberfläche. Maria, Josef, das Jesuskind, die Hirten, die Könige, die Kamele, der Ochs und der Esel sind so schön bemalt, dass sie wie lebendig aussehen. Wir haben die Figuren aber nicht anrühren dürfen."

„Es handelt sich bestimmt um Brienzer Schnitzerei", meint der Vater und streicht sich ein Butterbrot.

„Ist das was Wertvolles?", will Patrizias Bruder Marc wissen.

„Das will ich meinen", antwortet die Mutter. „Jede Figur ist ein Einzelstück. Da arbeitet ein Schnitzer drei, vielleicht sogar fünf Stunden daran. Darum sind sie auch so teuer."

„Was kostet wohl eine solche Krippe?", fragt Marc und steckt der Katze Blacky, die ihm um die Beine streicht, den mit Mettwurst bestrichenen Finger hin.

„In Geschäften, wo solche Krippen verkauft werden, kostet ein Hirt hundertzwanzig Franken und ein Kamel hundertachtzig. Nehmen wir einen Durchschnitt von hundertfünfzig Franken pro Figur und stellen uns vor, dass sich in und vor der Krippe eine Maria, ein Josef, ein Jesuskind, drei Könige, vier Hirten, ein Kamel, ein Ochse und ein Esel befinden, was kosten dann alle Figuren zusammen?"

„Etwa zweitausend Franken“, antwortet Marc.

„Ganz genau tausendneunhundertfünfzig“, sagt Patrizia.

„Und für den Stall bezahlt man zudem gut und gern weitere fünfhundert Franken“, meint der Vater. „Alles zusammen etwa zweieinhalbtausend Franken.“

„Ich möchte auch so eine schöne Krippe“, sagt Patrizia. „Wenn möglich noch eine viel schönere. Dann würde ich meine Freundinnen ebenfalls einladen.“

„Wir basteln am Samstag zusammen eine aus dem Holz der alten Holzkiste, die im Keller steht“, sagt der Vater.

Am Samstag sägt der Vater aus den Kistenbrettern kleine Balken. Marc klebt sie zu einem Gerüst zusammen. Der Kater Blacky schaut zu. Der Vater fertigt drei Wände aus starkem Karton. Nach vorn bleibt die Krippe offen. Die Mutter und Patrizia bringen aus dem Sommergrün, wo die Waldarbeiter Bäume gefällt haben, einen Papiersack voll Rindenstücke nach Hause. Mit ihnen decken sie das Dach. Moos und getrocknetes Gras markieren die Stelle, wo das Christkind liegen soll.

„Wunderbar!“, sagt Patrizia. „Jetzt fehlen nur noch die Figuren.“ Die Mutter weiß Rat: „Wir machen sie selber. Aus Ton. Aus Papier. Aus Wolle oder Stoff. Jede und jeder, wie sie oder er will. Marc die Maria, ich den Josef, Vater den Engel, Patrizia den Esel.“

„Wer macht den Ochsen?“, fragt Marc.

„Wer mehr Figuren machen will, kann es tun.“

Am zweiten Adventssonntag sind die Figuren fertig. Marc hat die Maria mit Wasserfarben auf Karton gemalt. Aus einem Foto hat er das Gesicht der Mutter geschnitten und es der Maria auf den Kopf geklebt. Patrizia findet die Idee super, und die Mutter freut sich. Patrizia hat den Esel aus Ton geformt und ihn brennen lassen.

„Es gibt keine roten Esel“, kritisiert Marc die Arbeit.

„In der Christnacht geschehen Wunder“, sagt die Mutter.

Sie hat den Josef aus Stoff gefertigt. Er trägt einen braunen Mantel, ein rotes Halstuch, schwarze Schuhe und in der linken Hand eine Laterne. „Sie leuchtet, wenn man den Draht an die Batterie unter dem Mantel anschließt“, sagt die Mutter.

„Ich hatte keine Zeit, den Engel zu basteln“, sagt der Vater. „Aber ich besitze einen hübschen Porzellanengel, der Flöte spielt. Er hat immer in der Glasvitrine bei uns zu Hause gestanden.“ Die Mutter stellt die Krippe auf das Buffet. Die Figuren machen sich gut im schlichten Holzbau.

„Ich habe noch zwei Schafe im Holzbaukasten, mit dem ich früher gespielt habe“, sagt Marc. „Kann ich die neben den Engel stellen?“

„Selbstverständlich“, erwidert die Mutter.

Patrizia findet eine winzige Gummipuppe. Die legt sie zwischen Josef und Maria auf das Moos.

„Gab es in Betlehem auch Bären?“, fragt sie den Vater. Der Vater zuckt mit den Schultern.

„Natürlich hat es Bären gegeben“, antwortet die Mutter. „In der Bibel steht, dass David als Hirtenbub gegen Bären und Löwen gekämpft hat. Und David ist in Betlehem aufgewachsen.“

„Dann stelle ich meinen Stoffbären auch vor die Krippe“, sagt Patrizia.

„Neben die Krippe“, rät die Mutter. „Sonst sieht man die Hauptfiguren nicht mehr.“

Am Nachmittag kommt Onkel Andreas zu Besuch. Er reist dauernd geschäftlich in der Welt herum und bringt die Weihnachtsgeschenke für die Familie immer in der Adventszeit.

„Ihr habt eine fantastische Krippe“, sagt er und streicht der Katze Blacky über das Fell. „Ich habe zu Hause noch zwei Elefanten und eine Giraffe aus Afrika. Die schick ich euch. Jesus ist für alle auf die Welt gekommen. Nicht nur für die Hirten, die Könige, den Ochsen und den Esel."

„Auch für die Schlangen, die Affen und die Marienkäfer?", fragt Patrizia.

„Auch für die Schlangen, die Affen und die Marienkäfer", sagt Onkel Andreas.

Am dritten Advent ist das Buffet voll mit Figuren. Zu den Elefanten und der Giraffe des Onkels sind noch ein Plüschaffe, die Stoffmaus von Blacky, mit der er nicht mehr spielen mag, und eine Kuh gekommen.

Frau Lüscher vom zweiten Stock und der pensionierte Herr Zimmermann vom Parterre lachen vor Vergnügen, als sie die Krippe sehen.

„Ausgezeichnete Idee!", ruft Herr Zimmermann. „Ausgezeichnet! Ich besitze einen Porzellanhund, den ich mir in Holland als Andenken gekauft habe. Und aus Israel habe ich die drei Könige aus Olivenholz mitgebracht. Die gehören auch zur Krippe."

Frau Lüscher bringt am Mittwoch zwei Rehe, einen röhrenden Hirsch und einen Schokoladenhasen, den sie seit Ostern aufbewahrt hat. Die Mutter stellt die Figuren aus Platzmangel rund um das Buffet. Patrizia erzählt in der Schule von der Krippe.

„Ihr dürft sie euch ansehen", sagt sie zu den Mitschülerinnen und Mitschülern. „Und wenn ihr wollt, dürft ihr ebenfalls Figuren um die Krippe stellen."

So kommt es, dass in der Woche vor Weihnachten ständig die Wohnungsglocke klingelt und Kinder und Erwachsene die Krippe sehen wollen und Esel, Schafe, Tiger, Löwen, Gazellen, Robben, Seeelefanten, Tauben, Hühner, Bauern, Soldaten, Polizisten aus Ton, Zinn, Stoff und Holz mitbringen.

Und am Heiligen Abend, als die Kerzen am Baum brennen, zieht sich ein langer Zug von Menschen und Tieren vom Gang ins Wohnzimmer, hin zur Krippe. Alle wollen das Wunder der Geburt des Erlösers sehen und erfahren. Auch der Kater Blacky hat zwischen all dem Volk noch einen Platz gefunden.

„Unsere Krippe ist die allerschönste", sagt Patrizia.

„Weil sie die frohe Botschaft sichtbar macht", sagt die Mutter. „Jesus ist für alle auf die Welt gekommen. Für die Esel, die Tiger, die Giraffen, die Könige, die Hirten, die Soldaten, für uns …"

„Und für den Kater Blacky", sagt Marc.

Werner Laubi

KINDERMUSIK AN DER KRIPPE

Ihr Kinderlein, kommet, o kommet doch all,
mit Klatschen und Singen, so laufet zum Stall!
Da seht ihr das Kindlein auf Stroh und auf Heu,
kommt, bringt ihm das Klatschen und Singen auch bei!

Ihr Kinderlein, kommet, o kommet doch all,
mit Decken und Tüchern, so laufet zum Stall.
Bringt Milch, Brot und Spielzeug und Lichter auch mit,
kommt her zu dem Stalle mit eiligem Schritt!

Ihr Kinderlein, kommet, so kommet doch all,
mit Engeln und Hirten, so laufet zum Stall!
Das Kind ist geborn in der Heiligen Nacht,
es hat alle Menschen so froh gemacht.

Text: Barbara Cratzius
Nach der Melodie „Ihr Kinderlein, kommet"

Ochs und Esel an der Krippe

Der Esel und der Ochse
ganz still im Stalle stehn.
Sie woll'n das kleine Kindlein
im Licht des Sternes sehn.

Sie blasen ihren Atem
ganz leise, lieb und warm.
Maria wiegt das Kindlein
so sacht in ihrem Arm.

Es haben Ochs und Esel
ganz brav im Stall gewacht.
Das Kind hat Mensch und Tiere,
uns alle froh gemacht.

Barbara Cratzius

Heute in der Krippe

Lieber Gott,
wenn wir Weihnachten feiern
und Jesus in der Krippe sehen,
denken wir an das ganze Leben Jesu
und danken dir, weil du uns
dieses Geschenk gemacht hast.
Amen.

Margrit M. Boos

Folge
dem Stern

In der Krippe

Ein Knäblein liegt in der Krippe
mit Augen tief und klar,
ein Lächeln spielt um die Lippe
holdselig wunderbar.

Es hat den Blick erhoben,
grüßt mit der Hand und winkt,
wo durch das Dach von oben
ein Stern hellleuchtend blinkt.

Drei Könige folgen dem Sterne,
sie sind dem Kindlein hold
und bringen aus weiter Ferne
ihm Weihrauch, Myrrhe und Gold.

Julius Sturm

Die Heil'gen Drei Könige

Die Heil'gen Drei Könige aus
Morgenland,
sie frugen in jedem Städtchen:
„Wo geht der Weg nach Betlehem,
ihr lieben Buben und Mädchen?"

Die Jungen und Alten, sie wussten es nicht,
die Könige zogen weiter.
Sie folgten einem goldenen Stern,
der leuchtete lieblich und heiter.

Der Stern blieb stehn über Josefs Haus,
da sind sie hineingegangen.
Das Öchslein brüllte, das Kindlein schrie,
die Heil'gen Drei Könige sangen.

Heinrich Heine

DER BESUCH der Sterndeuter

In einem fernen Land lebten drei weise Männer. Es waren Sterndeuter. Jede Nacht schauten sie sich den Sternenhimmel an. Sie kannten die Namen aller Sterne und versuchten, aus den Sternen zu lesen und sie zu deuten.

Einmal sahen die Männer einen neuen Stern am Himmel. Er war heller, größer und schöner als alle anderen Sterne. Da sagten sie zueinander: „Das ist ein Königsstern. Ein Königskind muss geboren sein. Wir wollen es suchen und ihm schöne Geschenke bringen!"

Die drei Sterndeuter beluden ihre Kamele und machten sich auf den Weg. Sie folgten dem großen, hellen Stern, der vor ihnen am Himmel herzog, und kamen durch viele Länder.

Eines Tages kamen die Männer in die Stadt Jerusalem. Dort fragten sie die Menschen: „Ist hier der neugeborene König der Juden? Wir haben seinen Stern gesehen und sind gekommen, um ihn zu begrüßen und zu beschenken."

Die Leute wussten nichts von einem neugeborenen Königskind. Sie kannten nur einen König, und das war der König Herodes. Darum schickten sie die drei Sterndeuter zum Palast des Herodes.

Als die Männer König Herodes nach dem neuen König fragten, erschrak er sehr. „Ihr sucht einen König? Wurde ein neuer König geboren?", fragte er die drei. König Herodes wurde unruhig. Er selbst war doch der König der Juden – und sonst niemand!

Sofort rief König Herodes seine Berater zusammen und fragte sie: „Wisst ihr, wo ein neuer König geboren ist?" Sie sagten: „In Betlehem ist er geboren. So steht es schon in den heiligen Büchern

geschrieben." König Herodes erschrak noch mehr. Er dachte bei sich im Stillen: „Ich muss diesen anderen König suchen. Und wenn ich ihn gefunden habe, werde ich ihn töten. Kein anderer Mensch darf mir meine Königskrone und mein Reich wegnehmen!"

Zu den Sterndeutern aber sagte König Herodes ganz freundlich: „Geht nach Betlehem! Dort ist der neue König geboren. Wenn ihr das Kind gefunden habt, gebt mir gleich Bescheid! Dann werde auch ich hingehen und es begrüßen und beschenken."

Die drei Männer reisten weiter. Der große, helle Stern zog wieder vor ihnen her und zeigte ihnen den Weg. In Betlehem blieb der Stern genau über einem Stall stehen. Jetzt wussten die Sterndeuter: „Hier muss der neugeborene König sein. Hier werden wir das Königskind finden!"

Die Sterndeuter gingen in den Stall hinein und sahen Maria und Josef und das Jesuskind. Sie waren sehr glücklich und freuten sich. Ihre weite Reise hatte sich gelohnt: Sie hatten Jesus, den neugeborenen König der Juden, gefunden!

Die Männer knieten auf den Boden nieder und beteten Jesus an. Dann schenkten sie ihm, was sie mitgebracht hatten: Gold, Weihrauch und Myrrhe. Das waren sehr wertvolle Geschenke, Geschenke, die man nur einem König machte!

In der darauffolgenden Nacht hatten die Sterndeuter einen Traum. Sie hörten, wie eine Stimme zu ihnen sagte: „Geht nicht nach Jerusalem zu König Herodes zurück! Er ist ein grausamer und böser König und will das Kind töten!"

Am anderen Morgen packten die drei Männer ihre Kamele und machten sich auf die Heimreise. An Jerusalem zogen sie schnell vorbei. Sie verrieten König Herodes nicht, dass sie Jesus gefunden hatten.

Nach Matthäus 2,1–12

Die drei Könige

Wir kommen daher ohn' allen Spott,
ein' schön' guten Abend gebe euch Gott.
Wir grüßen dies Haus und wünschen euch allen
von Herzen das göttliche Wohlgefallen.

Gott möge uns allen Gesundheit verleihen,
dem Vieh und den Saaten gutes Gedeihen.
Christus möge im Hause wohnen,
für jede Wohltat euch reich belohnen.

Er segne das Haus
und die da gehen ein und aus.
Die Liebe sei mächtig, der Herr soll euch führen,
das schreiben wir heut' auf die
Schwellen und Türen.

Die Gabe vergelte der gütige Gott
mit langem Leben und gutem Tod.
Er schenke euch ein gesegnetes neues Jahr.
Das wünschen Caspar, Melchior und Balthasar.

Volksgut

DIE LEGENDE
vom ersten Weihnachtslied

Damals, als die drei Könige den Stern am Himmel erblickt hatten, der von der Geburt des Königs des Himmels und der Erde erzählte, da machten sie sich gleich auf, um zu ihm zu reisen und ihn anzubeten. Und weil sie dem neugeborenen König große Ehre erweisen wollten, nahmen sie auch kostbare Geschenke für ihn mit. Der Weg war weit. Doch sie vertrauten dem Stern, der ihnen nachts deutlich zeigte, wohin sie gehen mussten. So kamen sie endlich auch in Betlehem an und standen dann in dem Stall um die Krippe herum und mussten erkennen, dass Gottes Sohn, der König des Himmels und der Erde, hier im Stroh in einer Futterkrippe lag. Ein winziges Kind, um das sich Maria und Josef sorgten und zu dem die Ärmsten der Armen gekommen waren, um es zu begrüßen und anzubeten. Umständlich packten die drei Könige die Geschenke aus, die sie dem Kind mitgebracht hatten: Gold, Weihrauch und Myrrhe. Aber als sie dann das kleine Kind in der Krippe anschauten, da wussten sie wohl, dass das Kind jetzt nichts, aber auch rein gar nichts damit anfangen konnte. Was soll schon ein Säugling mit Gold, Weihrauch oder Myrrhe anfangen? Doch die Könige waren nicht nur klug und weise, sondern hörten auch auf das, was ihnen ihr Herz sagte. Wie hätten sie sonst den Stern am Himmel erkennen und deuten können! So luden sie ihre kostbaren Schätze in einem Winkel im Stall ab und beugten sich dann über die Krippe. Der erste König strich dem Kind zart über den Kopf und sagte ihm, wie sehr sie sich alle freuten, dass nun der König des Himmels und der Erde hier vor ihnen lag. Der zweite König hob das Kind aus seiner Krippe heraus, drückte es an sich und streichelte es ganz zart. Der dritte König nahm es auf seinen Arm, schaukelte das Kind ganz leicht und behutsam hin und her und begann dazu leise zu singen. Bald sangen auch die beiden anderen mit. Und so sangen sie in dem Stall dem Kind ein Lied, das davon erzählte, wie sehr sich alle über dieses Kind freuten. Die Melodie und der Gesang der drei waren aber so schön, dass bald auch Maria und Josef und alle, die im Stall dabei waren, leise mitsangen. Und das Kind auf dem Arm des dritten Königs lächelte, weil es spürte, wie lieb sie es alle hatten.

So haben die Könige einst im Stall von Betlehem das erste Weihnachtslied gesungen. Das war ihr Geschenk, und es machte alle im Stall froh. Bis zum heutigen Tag singen wir Weihnachtslieder, weil wir uns so sehr wie die drei Könige damals freuen.

Rolf Krenzer

BEN WIRD *König*

Konzentriert sitzt Ben im Pfarrheim. Vor ihm liegt eine goldene Krone, auf die er bunte Glitzersteine klebt. Seine Krone soll besonders schön werden. Denn in einer Woche geht es endlich los: Ben darf zum ersten Mal Sternsinger sein. Ein Königsgewand hat er sich schon ausgesucht. Es ist rot und blau und aus einem ganz weichen Stoff. Als die Kinder fertig mit Basteln sind, kommen sie in der Mitte des Raums zusammen und üben die Sternsingerlieder. „Stern über Betlehem“ und „Wir kommen daher aus dem Morgenland“ kennt Ben schon, da kann er laut mitsingen. Die anderen Lieder findet er schwieriger, aber zum Glück sind Anna und Sophie in seiner Gruppe. Die beiden waren schon im letzten Jahr dabei und kennen sich gut aus. Die Gruppenleiterin erklärt, was man als Sternsinger machen muss: Man klingelt an den Haustüren; wenn jemand aufmacht, singt man ein Lied, und dann bekommt man Geld und Süßigkeiten, wenn man Glück hat. Das klingt nicht so schwierig. „Ein bisschen Mut braucht man aber schon, um bei fremden Leuten zu klingeln“, denkt Ben. „Dann schreibt ihr mit Kreide C + M + B an die Türen. Wisst ihr, was das bedeutet?“, fragt die Gruppenleiterin. Sophie meldet sich: „Das heißt *Christus Mansionem Benedicat* – Christus segne dieses Haus.“ Zum Schluss erklärt die Gruppenleiterin noch, wer das Geld bekommt. Natürlich behalten die Kinder es nicht selbst. Es ist für Kinder in anderen Ländern bestimmt, denen es nicht so gut geht wie uns. Für sie wird etwas zu essen gekauft oder eine Schule gebaut. Ben ist ziemlich stolz. Was er tut, ist wichtig. Er kann anderen helfen. Jetzt kann er es kaum erwarten, dass er bei dem ersten Haus klingeln darf. Hoffentlich ist jemand zu Hause.

Vera Lörks

Heilige Nacht

Nun ist sie da, die heil'ge Nacht,
froh wird mit Tanzen sie verbracht.
Spielt mit dem Jesuskindelein,
freuet euch alle, Groß und Klein.

Nun ist sie da, die heil'ge Nacht,
Betlehems Stern am Himmel wacht,
zeigt uns den Weg. Kommt, lasst uns gehn
nach Betlehem, das Kind zu sehn.
Heilige Nacht!

Aus Bolivien

Der Stern von Betlehem

Seht den Stern von Betlehem!
Habt ihr so was schon geseh'n?
Er strahlt auf die kleine Hütte.
Seht, das Kindlein in der Mitte!
Es liegt in der Mutter Arm.
Diese hält es fest und warm.
Ja – hier ist ein Mensch geboren,
den uns Gott hat auserkoren!

Verfasser unbekannt

Sternsinger kommen

Wir sind die Heiligen König'
mit Krone und mit Stern.
Wir essen Nüss' und Äpfel
und Butterplätzchen gern.
Wir kommen fern von Osten,
vom Morgenlande her,
ach, gebt uns was zu kosten!
Wir bitten ja so sehr!

Volksgut

Texte:
S. 12–14, 26f. aus: Reinhard Abeln/Hartmut Bieber, Liebes Christkind, komm doch bald, © 2001 Butzon & Bercker GmbH, Kevelaer
S. 16, 31, 34, 127f.: © Michael Cratzius
S. 16, 55, 128 aus: Margrit M. Boos, Kindergartenkinder beten im Kirchenjahr, © 1989 Butzon & Bercker GmbH, Kevelaer
S. 17: Text: © Rolf Krenzer Erben, Dillenburg; Melodie: © Martin Göth
S. 21f., 64, 71, 74f., 97, 105: © Elke Bräunling – www.elkeskindergeschichten.de, lizenziert durch Stephen Janetzko, www.kinderliederhits.de
S. 35 aus: Christa und Reinhard Abeln, Und lass die Sonne scheinen. Bildergebetbuch für Kinder bis zum Grundschulalter, © 1996 Butzon & Bercker GmbH, Kevelaer
S. 32f.: © beim Autor: Alfons Schweiggert, München
S. 38, 66f., 71, 135f.: © Rolf Krenzer Erben, Dillenburg
S. 42–47: © 2002 by Luise Holthausen
S. 56f. aus: James Krüss, Der wohltemperierte Leierkasten, © 1989 cbj Verlag, München, in der Verlagsgruppe Random House GmbH
S. 68: © Gina Ruck-Pauquèt
S. 77, 102: © Bruno Horst Bull
S. 80–83: © Melissa Schirmer
S. 94–96: © Elisabeth Inkiow
S. 106f., 132f.: aus: Reinhard Abeln, Meine große bunte Bibel, © 2017 Butzon & Bercker GmbH, Kevelaer
S. 109–111: © www.miralobe.at
S. 114–116: © Jutta Fellner-Pickl
S. 122–126: © Werner Laubi
S. 137: © Vera Lörks

Leider war es uns nicht in allen Fällen möglich, den Rechtsinhaber ausfindig zu machen. Entsprechende Hinweise nimmt der Verlag gerne entgegen. Rechtsansprüche bleiben gewahrt.

Abbildungen:
S. 15, 28, 36, 49, 77, 92, 101, 134: © Ирина Счастливая (rote Hintergrundfläche); S. 15, 28, 49, 77, 101: © Maribor (gelbe Hintergrundfläche); S. 15, 28, 49, 77, 101: © LenLis (Sterne); S. 20, 64, 97: © Naturestock (Hintergrundfläche); S. 36, 92, 134: © dreamloud (Sterne) – alle: stock.adobe.com; S. 20, 64, 74, 80, 81, 85, 97: © freepik.com (Schneeflocken, Sterne)

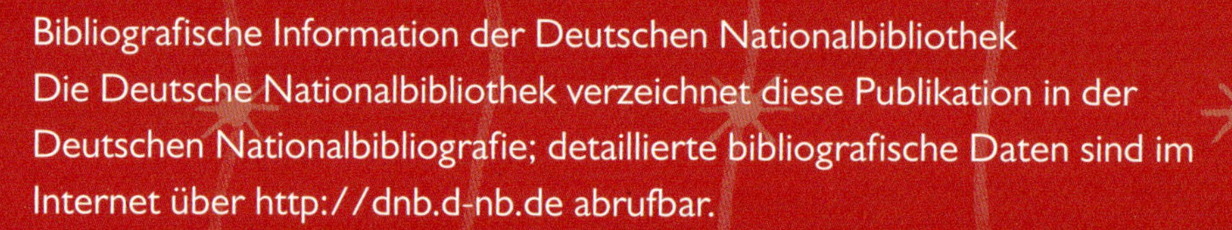

Bibliografische Information der Deutschen Nationalbibliothek
Die Deutsche Nationalbibliothek verzeichnet diese Publikation in der Deutschen Nationalbibliografie; detaillierte bibliografische Daten sind im Internet über http://dnb.d-nb.de abrufbar.

Das Gesamtprogramm von Butzon & Bercker finden Sie im Internet unter www.bube.de

ISBN 978-3-7666-2745-2

Umschlagillustration: Hartmut Bieber (Engel, Tannenbaum, Stern, Krippe, Kerze, Nikolaus);
© Ирина Счастливая · Maribor (Hintergrundflächen); © LenLis (Sterne) – stock.adobe.com
Umschlaggestaltung: Tanja Manden, Kevelaer
Layout und Satz: Roman Bold & Black, Köln